英语教师写作书面反馈能力测评研究

Testing English Teachers' Ability to Provide Effective Written Feedback to Students' Writing

张允 著

南开大学出版社

天津

图书在版编目(CIP)数据

英语教师写作书面反馈能力测评研究 / 张允著. ——天津：南开大学出版社，2020.12
ISBN 978-7-310-06020-7

Ⅰ. ①英… Ⅱ. ①张… Ⅲ. ①英语－写作－教学研究 Ⅳ. ①H315

中国版本图书馆 CIP 数据核字(2020)第 272949 号

版权所有　侵权必究

英语教师写作书面反馈能力测评研究
YINGYU JIAOSHI XIEZUO SHUMIAN FANKUI NENGLI CEPING YANJIU

南开大学出版社出版发行
出版人：陈　敬
地址：天津市南开区卫津路 94 号　　邮政编码：300071
营销部电话：(022)23508339　营销部传真：(022)23508542
http://www.nkup.com.cn

北京明恒达印务有限公司印刷　全国各地新华书店经销
2020 年 12 月第 1 版　　2020 年 12 月第 1 次印刷
230×155 毫米　16 开本　13.5 印张　2 插页　167 千字
定价：39.00 元

如遇图书印装质量问题，请与本社营销部联系调换，电话：(022)23508339

本研究为国家社科基金项目"中国英语教师专业能力测评研究"(16BYY084)的部分成果

目 录

第1章 绪论 ·· 1
  1.1 研究背景 ··· 1
  1.2 研究目的 ··· 7
  1.3 研究问题 ··· 7
  1.4 研究意义 ··· 8

第2章 文献综述 ·· 10
  2.1 核心概念 ··· 10
  2.2 写作书面反馈能力与英语教师专业能力 ························· 16
  2.3 二语习得研究中有关纠错反馈作用的论述 ····················· 22
  2.4 教师书面反馈在二语写作教学中的作用 ························· 37
  2.5 二语教师写作书面反馈能力培养中存在的问题 ············· 49
  2.6 职前英语教师写作书面反馈能力测试的现状 ················· 55
  2.7 本章小结 ··· 68

第3章 本研究的理论框架及整体设计 ······································ 70
  3.1 测试开发中的效度验证 ··· 70
  3.2 基于问题的职业资格测试开发模型 ································ 82
  3.3 本研究的整体设计 ·· 88
  3.4 本章小结 ··· 89

第4章 测试目标内容范围的界定 ·· 91
  4.1 二语教师提供写作书面反馈时应完成的关键任务 ········· 91
  4.2 我国高中生英语写作中存在的主要问题 ····················· 109
  4.3 高中英语写作书面反馈任务及相关能力要求 ············· 113

4.4 本章小结 ··· 115
第5章 测试任务的设计与完善 ······································· 117
5.1 测试任务的初步设计 ··· 117
5.2 研究设计 ·· 125
5.3 结果与讨论 ··· 129
5.4 本章小结 ·· 148
第6章 评分方案的设计与完善 ······································· 149
6.1 评分方案的初步设计 ··· 149
6.2 评分方案第一次验证 ··· 157
6.3 评分方案第二次验证 ··· 171
6.4 本章小结 ·· 181
第7章 结语 ·· 182
7.1 研究发现 ·· 182
7.2 研究贡献 ·· 186
7.3 研究的局限性和未来研究展望 ··································· 188
参引文献 ··· 189
后 记 ·· 209

第1章 绪论

1.1 研究背景

在我国整个英语教育体系中，中小学英语教师的作用和地位至关重要，确保每位新入职的教师均受过良好的职前教育是提高中小学英语教学质量的关键。然而，研究表明，我国基础阶段英语教师队伍的现状并不理想，一些在职中小学英语教师的专业能力不足，同时职前英语教师教育也存在一定的问题。在引入教师退出机制后，教师"入口关"如果把不好，就会使更多的教师将来面临被清退的风险。一方面，不合格的教师走上教学岗位势必会对基础阶段的教育发展造成负面的影响，另一方面清退这类教师也是对教师教育资源的巨大浪费。这些现实问题对有效测量职前英语教师的专业能力提出了严峻的挑战。

1.1.1 我国基础阶段英语教师队伍的现状

陈国华（2010：293）指出，既然英语能够"给每一个受教育者带来潜在的好处"，那么"每个孩子学英语就是必然的选择"，因此我们需要着重探讨的不是英语该不该学的问题，而是"英语教育现在存在什么问题？""基础英语教育应该让学生的英语达到什么水平？""什么样的教师有资格教英语？""怎样才能让中小学生学好英语？"解决上述问题的关键之一是确保只有合格的人员才能获得从事中小学英语教学的资格。教师是影响中小学英语教育质量的关键因素，其自身英语语言能力和教学水平的高低不仅会直接影响中小学生英语学习的效率和效果，而且还会对学生学习英语的兴趣产生较大的影响，进而影响他们对英语学习的投入程度。因此，合格的英语师资是确保中小学英语教育成功的关键。

程晓堂、孙晓慧（2010：1）指出，改革开放以来，我国英语教师学历层次有了大幅度的提高，但是"教师的数量和质量始终不能满足英语教育的需要"。邹为诚（2009：16）则认为，教师数量已经不再是制约我国教育发展的主要矛盾，当前面临的主要问题是如何提高基础教育教师的质量。有关我国中小学英语教师的质量，孙艳玲（2010：77）做出如下论述，"目前我国中小学英语教师队伍内部发展不平衡，整体水平有待提高，不少教师的英语专业基本知识素质、语言应用能力素质、东西方文化素质以及交际语言教学素质、修养等方面普遍滞后于新的英语课程标准和新教材的要求。"有关上述问题，赖蓉莎（2014）从一个侧面进行了证实。虽然《义务教育英语课程标准（2011年版）》明确，要逐步培养学生的跨文化意识，提高他们的跨文化交际能力，但是赖蓉莎（2014）对460名中学英语教师进行调查后发现，他们的"跨文化交际意识和能力还远没有达到新课程的要求"。

英语教师的质量问题在农村地区尤为突出。不少研究（如段学勤、孟志明，2012；罗红芳，2009；孙艳玲，2013；姚连荣，2013）指出，农村地区中小学英语教师整体素质有待提高。例如，姚连荣（2013）对河南省425所农村中小学校进行调研后发现，"河南省农村英语教师队伍整体素质不高已经成为影响农村英语教育发展的关键因素。"事实上，不仅农村地区的英语师资水平堪忧，一些发达地区的英语师资水平也并不理想，例如，张裕雪等（2016）通过问卷和访谈发现，镇江市中小学英语教师的英语基本功有待提升。

中小学英语教师的能力和专业水平不尽人意，严重制约了我国基础阶段英语教学的开展（张东辉、邹卉，2011：117）。然而，我国中小学英语教师职前教育的不足使问题变得雪上加霜。左瑞勇、王纬虹（2008）调查了 175 名中小学校长、管理人员和教师，结果显示，"中小学校对新教师专业素养的满意度总体而言不高，高师毕业生的专业素养尤其是师范素质不容乐观。"该调查还发现，高师毕业生缺乏教学实践知识和实践能力，"不少中小学校长抱怨高师毕业生是'半成品'，需要花很多时间再培训"（左瑞勇、王纬虹，2008：76）。

除了师范院校的毕业生外，在每年申请中小学英语教学岗位的人员中，还有很大比例的学生来自其他类院校。这些学生大多没有受过专业的教学训练，对于从事英语教学所需要的核心素养缺乏清楚的认识。在这种情况下，一项合理、可靠的英语教师专业能力测试便可以起到正确的引领作用，它可以指引该部分学生有针对性地进行职前自我教育。同时，开发这样一项考试，也可以为师范类院校检测本校的职前教师教育质量提供有效途径。

1.1.2 中小学教师资格定期注册制度

我国历来重视教师队伍的建设。在我国，关于教师资格较早的官方文件是 1995 年 12 月 12 日国务院发布的《教师资格条例》，该条例规定，"中国公民在各级各类学校和其他教育机构中专门从事教育教学工作，应当依法取得教师资格。"该条例总则指出，制定《教师资格条例》的目的是"为了提高教师素质，加强教师队伍建设"，可惜的是，该条例并未明确提出教师资格制度建设。与 1995 年发布的《教师资格条例》不同，2000 年 9 月 23 日教育部发布的《教师资格条例》实施办法则明确指出，制定实施办法的目的是"为实施教师资格制度"。如果说该实施办法为中小学教师资格定期注册制度的推出埋下了伏笔，那么真正起到推动作用的应该是 2010 年 7 月 29 日新华社受权发布的《国家中长期教育改革和发展规划纲要（2010—2020 年）》。该纲要明确规定，要"完善并严格实施教师准入制度，严把教师入口关"，并"建立教师资格证书定期登记制度"，同时要"加强教师管理，完善教师退出机制"。

为贯彻落实纲要规定，2011 年教育部开始启动中小学教师资格考试以及中小学教师资格定期注册制度试点工作。2012 年 8 月 20 日，国务院发布《关于加强教师队伍建设的意见》，意见进一步指出，要"修订《教师资格条例》，提高教师任职学历标准、品行和教育教学能力要求。全面实施教师资格考试和定期注册制度"。2013 年 8 月 15 日，"为确保中小学教师资格考试和定期注册改革扩大试点工作平稳顺利实施"，教育部印发了《中小学教师资格考试暂行办法》和《中小学教师资格定期注册暂行办法》。2015 年 12 月 7 日，在教育部举行的《国家中长期教育改革和发展规划纲要（2010—2020 年）》中期评估教师队伍建设专题报告发布会上，教育部教师工作司司长许涛表示，2016 年将全面推广中小学教师定期注册制度（新华网[①]）。

中小学教师定期注册制度的实施引起了社会的广泛讨论，一些人对制度实施过程中面临的问题进行了思考，另一些人则直接提出了质疑。例如，舒圣祥认为："打破教师终身制当避瞎折腾。"[②] 吴梅花提出了更为尖锐的质疑，认为："加强教师队伍建设，初衷是很好的，但在目前环境下，指望定期注册制度成为提高教师队伍质量的'方式方法'，很可能成本很大，效果甚微，貌似出了教育政绩，实际上搞出不少内伤。"[③] 易鑫、董少校则指出，"大部分反对者表示，终身制并不是问题的关键"，问题的关键在于考什么和如何考，而且"无论是考什么、如何考，还是谁来考，怎

[①] http://www.gov.cn/xinwen/2015-12/07/content_5020916.htm
[②] 《海口晚报》，2012 年 9 月 11 日，第 B06 版。
[③] 《嘉兴日报》，2012 年 9 月 11 日，第 002 版。

评价，都将是实施过程中有待规范和完善的细节"[①]。这里触及注册制度实施过程中的一个核心问题，即谁来给教师进行专业注册。对此，不少人表示教师注册应该由第三方机构，而不是由教育局负责。例如，舒圣祥认为："如果定期注册制度最后仍是由权力部门来一手操办，等于是在给教师限权的同时又给政府机构扩权，这让本就失衡的教育天平必然更加失衡。"[②]对此，中国教育科学研究院研究员储朝晖也表示，可以由专业的教师组织来对教师教学进行考核，而不是交给属于"外行"的教育行政部门[③]。罗祖兵、魏娴（2016：28）也认为："为保证教师资格定期注册的客观性和有效性，可建立专业的第三方注册机构，专门负责教师资格定期注册工作。"

毫无疑问，定期注册制度彻底打破了中小学教师的"铁饭碗"，将给他们的职业发展和终身学习带来巨大的挑战。据报道，目前"已经有一批教师没有通过注册，要转岗"（新华网[④]）。根据该报道，注册制度的核心是"把好'入口关'和'出口关'"。也就是说，一方面要提高中小学教师岗位的准入门槛，另一方面要引入退出机制，及时清退不合格的教师，以便能够腾出位置让有能力的"新人"有机会走上教学岗位。

中小学教师注册制度的初衷显然是为了优化教师队伍。正所谓，"百年大计，教育为本。教育大计，教师为本"。教师是决定教育教学质量好坏的一个关键因素，没有合格的教师，便难以保证有好的教育，这是一个不言自明的道理。但是，打破"铁饭碗"也好，引入退出机制也罢，这些都不是问题的核心。问题的核心是如何确保只有高素质（包括业务精湛、道德高超等优秀教师必

[①] 《中国教育报》，2012年9月20日，第003版。
[②] 《海口晚报》，2012年9月11日，第B06版。
[③] 《中国教育报》，2012年9月20日，第003版。
[④] http://www.gov.cn/xinwen/2015-12/07/content_5020916.htm

备的品质）的人才方能有机会走上教学岗位。也就是说，把好"入口关"比把好"出口关"更为重要。简单说，淘汰的教师人数越多，造成的教师教育资源的浪费就越大，同时对教育教学质量的负面影响也越大。因此，当前面临的重点工作不是研究如何完善退出机制，而是研究如何才能够筛选出真正具备优秀教师潜质的人才。

在我国，起到教师选拔作用的考试首先是中小学教师资格考试，通过该考试的人员将获得相应级别的教师资格证书。作为官方认证，该考试理应成为新教师选用的有力参考。然而，事与愿违，不少中小学校在招录英语教师时，仅将通过教师资格考试视为报考英语教学岗位的基本条件。除了具备这一基本条件外，应聘人员一般还需要参加各个学校自行组织的笔试和面试。这从侧面说明，我国现行的教师资格考试，包括其中涵盖的学科知识与教学能力考试，尚不能全面和充分地反映考生的教学潜力。

在上述背景下，中国外语测评中心启动了中国英语教师专业能力测试的开发工作，并将重点研究如何有效测量职前中小学英语教师的专业能力，以便为中小学英语教师选拔提供更加可靠的依据，切实为中小学英语教育输送新鲜的血液，同时倒逼职前英语教师教育，使其能够找准目标，以便更加高效地培养基础教育阶段所需要的合格英语教师。

国务院《关于加强教师队伍建设的意见》提到，"创新教师管理体制机制，以提高师德素养和业务能力为核心"。其中，业务能力即是本研究所说的教师的专业能力。测量职前英语教师的专业能力也就是测量考生是否具备从事英语教学工作所需要的核心专业素养，其中主要包括英语语言能力和英语教学能力。对学生作文进行合理评价并提供恰当的反馈不仅涉及教师的英语语言能力而且也是英语教师应该具备的基本教学能力之一。我国《普通高中英语课程标准（2017年版2020年修订）》（以下简称"新版高中英语课标")便明确强调,"在教学过程中提供形成性评价反馈是实现以评促学的有效途径,反馈的质量决定形成性评价的效果。"因此,能够提供高质量的写作书面反馈是英语教师应该具备的核心素养之一。然而,我国现有的英语教师资格考试对该方面能力的考查尚不充分,而且目前也缺乏有效的相关测试任务可供参考。为此,中国英语教师专业能力测试开发课题组(以下简称"课题组")将英语教师写作书面反馈能力测试任务的设计作为测试开发的重要工作之一,以便充分探讨测量该能力的有效途径。

1.2 研究目的

中国英语教师专业能力测试属于一种职业资格考试,目的是考查职前英语教师是否具备从事相关学段的英语教学的能力,同时借助测试的反拨作用来促进职前英语教师专业能力的培养。英语教师写作书面反馈能力测试任务是中国英语教师专业能力测试的重要组成部分。为确保新开发的测试形式具有较高的内容效度,本研究将以职前高中英语教师为研究对象,探讨如何有效测量他们的英语写作书面反馈能力。研究将主要围绕两个方面展开,一是探讨如何对目标任务进行充分和合理取样,二是探讨如何通过设计合理的评分方案来确保评分的一致性。

1.3 研究问题

研究主要回答以下三个问题:
(1)如何界定测试的目标内容范围?
(2)什么样的测试任务能够充分反映出英语教师的写作书面

反馈能力？

（3）评分方案是否具有可操作性？

根据《教育与心理测量标准》（American Educational Research Association（AERA）、American Psychological Association（APA）& National Council on Measurement in Education（NCME）2014：178），对于职业资格测试而言，内容相关证据可看作效度验证所需的主要证据形式。而测试的内容效度涉及测试内容的相关性、取样的充分性和评分的可靠性（韩宝成、张允，2015）。回答上述第一个问题是为了奠定测试内容取样的范围；回答第二个问题则是为了确保测试内容与所测能力相关，同时确保测试任务诱发的考生作答能够提供关于所测能力的充分样本；而对第三个问题的回答是为了确保评分方案能够使评分员对作答内容进行可靠的观察与评价。因此，围绕上述三个方面做出的努力可以为测试效度提供有力支撑。

1.4 研究意义

国内关于英语教师专业能力测试的研究较少，专门针对英语教师写作书面反馈能力测试任务开发的研究还尚未发现。因此，本研究是一项有益的尝试，有助于引起人们对于英语教师专业能力测试开发的重视，同时通过探讨测试任务开发的可行性路径，可以为其他测试任务的开发提供有力的参考。

此外，关于写作书面反馈能力的有效信息能够为英语教师选拔提供可靠依据，以确保新入职教师能够胜任高中英语写作教学。不管采用何种写作教学方式，对学生作文进行反馈都是写作教学中必不可少的一个关键环节，且反馈质量的高低会直接影响学生对个人写作水平的认识，并进一步影响其写作能力的发展。然而，前期专家访谈显示，不少高中英语教师自身的写作能力堪忧，对什么是好的英语作文缺乏清楚的认识，进而不知道如何对学生作文提供有效的反馈。因此，为了确保中国英语教师专业能力测试能够切实起到把好教师"入口关"的作用，有必要探讨如何充分考查英语教师的写作书面反馈能力。

本研究拟开发的测试任务还能够对职前英语教师教育起到促进作用，有助于职前英语教师清楚认识评语应该涵盖的内容，以及需要掌握的基本技巧。研究过程中进行的第一次试测显示，不少学生虽然已经获得高中英语教师资格证书，但是他们对如何写评语并不清楚，在对试测作文进行评价时体现出盲目性和随机性。面对这种情况，测试任务如果能够引导和促使他们进行针对性训练，则不仅可以切实提高他们的评价能力，同时还可以提高他们对好的作文的认识，进而为将来从事英语写作教学奠定扎实的基础。

此外，本研究还可以为我国英语教师资格考试改革提供参考。在我国现行的教师资格考试中，"英语学科知识和教学能力"部分对教师写作书面反馈能力的考查还不够充分，要么仅对该能力进行了间接测量，要么是取样不足，仅要求考生对学生作文进行负面评价。相比，本研究设计的测试任务将通过直接测量的方式更加全面充分地考查考生的写作书面反馈能力。因此，研究结果对我国英语教师资格考试改革来说能够产生一定的启发作用。

第 2 章 文献综述

克龙巴赫（Cronbach，1980）指出，我们不仅要判断一项测试测了哪些内容，而且要判断为什么应该测量这些内容（转引自 Yalow & Popham，1983：14）。前者涉及测试的内容效度，而后者关系到测量某一能力的必要性，是测试任务开发的理据。为了论述测量英语教师写作书面反馈能力的必要性，本章将通过文献回顾确立教师书面反馈在二语写作教学中的重要地位，并通过评价现有测试中存在的突出问题为开发新的测试任务奠定基础。

2.1 核心概念

2.1.1 反馈

反馈这一术语来自生物学，是指在环境的作用下返回有机体的信息，它是连接作用和反作用链的中间环节（Rinvolucri，1994：287）。在一般教学环境中，反馈是指针对学习者在完成某一学习任务时的行为表现所提供的信息，其目的通常是为了改进学习者的行为（Ur，1996/2000：242）。例如，在语言教学中，当学习者回答某一问题后，教师所说的"Yes, right!"；针对考试作答给出的分数；学习者犯语法错误时教师皱起的眉头；在作文旁边写的评语，这些均属于反馈（Ur，1996/2000：242）。除教师外，反馈还可以来自其他学习者以及计算机系统；反馈既可以是口头的，也可以是书面的；既可以关注内容、组织结构、语法形式，也可以关注用法（Biber et al., 2011: 1）。

2.1.1.1 评价和纠错

评价（assessment）和纠错（correction）是反馈的两个主要组成部分，其中，评价是为了告诉学习者其行为表现的好与坏，例如考试分数或教师给出的类似"No"和"Fair"的评语。而纠错是指针对学习者某些方面的表现所提供的具体信息，例如对错误进行分析或者提供更好的表达形式（Ur, 1996/2000: 242）。评价和纠错有时相生相伴，难以截然分开。在实际评价中，既可以针对学习者二语产出的内容、结构和效果等进行正负两方面的评价，也可以针对其语言错误进行书面或口头描述，而后者也是一种常见的纠错策略。

根据反馈的时间点和目的，评价可以是形成性的（formative），也可以是终结性的（summative）。教师给学习者提供的多数反馈是在教学和学习过程中进行的纠错和评价，这些反馈针对的是特定的语言产出，目的是为了提高学习者的语言水平，其中涉及的评价便属于形成性评价（Ur, 1996/2000: 244）。教师有时也需要对学习者进行全面评价，以概述他们在某一时间点的语言水平，或者在某一课程学习期间取得的进展，这种评价属于终结性评价，对教学和学习过程的影响不大（Ur, 1996/2000: 244-245）。分数和评语是评价的两种主要形式，可单独或同时提供。分数既可以采取百分制，也可以采取等级制；既可以整体给出一个分数，也可以逐项打分。分数较为直观，但涵盖的信息有限。相比之下，评语则可以提供更多的形成性信息，更具促学作用。如果同时提供分数和评语，评语还可以起到解释分数和对分数进行合理化论证的作用。

纠错反馈（corrective feedback）在几乎所有二语习得理论中均有所触及（Sheen & Ellis, 2011: 595），而且在当今的二语课堂中大概也是应用最为广泛的反馈形式（van Beuningen et al.,

2012：1）。纠错的目的是为了矫正，因此无须考虑错误是否会引起交际困难（Li，2014：374）。纠错时，可指明错误，可提供正确的目标语言形式，可对错误本质进行元语言分析，亦可同时提供以上多种信息（Ellis et al.，2006：340）。总之，纠错时可以对错误进行分析，也可以提供或诱导学生自行给出更好的或其他的选择（Ur，1996/2000：242）。

具体来说，纠错反馈包括口头纠错和书面纠错，且每种纠错均可以采取多种策略。研究者主要从两个方面对口头纠错反馈进行区分，一是根据纠错行为的明晰度分为显性反馈（explicit feedback）和隐性反馈（implicit feedback），二是从提供语言输入（input-providing）和促进语言输出（output-prompting）的角度进行区分（Ellis，2009：8）。显性反馈指交际者（本族语者、教师或其他学习者）针对所产出的话语的非目标语特征提供的语言信息；隐性反馈指通过间接的方式提示学习者其话语中存在的问题（Mayo & Soler，2013：222-223）。显性反馈包括显性纠错（explicit correction）、元语言解释（metalinguistic explanation）、诱导（elicitation）以及副语言信号（paralinguistic signal）；隐性反馈则包括重述（recast）、重复（repetition）和澄清请求（clarification request）（Ellis，2009：8）。在这些具体的反馈策略中，重述和显性纠错可提供新的语言输入，而重复、澄清请求、元语言解释和副语言信号的目的则是为了进一步促进语言输出。需要指出的是，从隐性反馈到显性反馈是一个渐变的过程。因此，隐性反馈和显性反馈的划分并不是绝对的。埃利斯（Ellis，2009：8）认为，上述划分多少有些粗糙，他结合相关研究以重述为例进行了分析，指出重述既可以是隐性的，也可以是较为显性的。

书面纠错反馈可分为直接纠错（direct correction）和间接纠错（indirect correction）。费里斯和赫奇科克（Ferris & Hedgcock，2005：269）认为，提供直接的还是间接的反馈是教师在改正错误时需要做出的最为重要的决策之一。直接纠错意味着不仅要让学习者注意到错误的存在,而且要给他们提供解决问题的具体方案(Bitchener & Ferris, 2012: 148)。在写作课程中,直接纠错最主要的做法包括划掉(cross-outs)、改写(rewrites)和添加(additions)(Bitchener & Ferris, 2012: 148)。相比,在间接纠错时,教师仅提示学生表达有误的地方,并将具体改错的任务留给学生(Ferris, 2003: 145)。根据提供反馈的位置,教师在进行间接纠错时也可采用多种策略,例如,可直接标出文中有误的地方,可在作文旁边进行标注,也可在文末做出说明(Ferris, 2003: 145)。间接纠错的显性程度不一,以动词时态错误为例,"use past tense here"之类的话语指示属于非常显性的纠错,其显性程度高于借助"vt"或"tense"来表示动词时态存在错误的做法,而显性程度最弱的是,用下画线标出错误,或者在页边打一个提示学生核查的符号,这既不提示错误类型,也不提示解决方法(Ferris, 2003: 145)。

2.1.1.2 正面反馈和负面反馈

正面反馈(positive feedback)用于确认学习者对于某一活动的反应是正确的,它既可以表达学习者话语内容的真实性,也可以表达其话语语言的正确性,更可以给学习者提供情感支持并起到提高学习动机的作用;负面反馈(negative feedback)则相反,它表达的要么是学习者话语内容缺乏真实性,要么是其语言表述出现偏差,其目的是纠正错误(Ellis, 2009: 3)。按照这一划分,纠错反馈属于负面反馈(Ellis, 2009: 3),而评价既可能是正面反馈,也可能是负面反馈。近年来,负面反馈由于具有成为负面语据(negative evidence)的可能性而引起了二语习得领域的大量关注(Yilmaz, 2012: 344)。

2.1.2 二语教师写作书面反馈

教师书面反馈是写作教学中最常见同时也是应用最为广泛

的反馈形式,在二语和外语写作课堂中占据中心的地位(Hyland & Hyland,2006:84)。在英语文献中,教师书面反馈这一术语的用法并不统一,例如,肯·海兰和菲奥娜·海兰(Hyland & Hyland,2006:84)便将 teacher written feedback 和 teacher written response 混用,费里斯和赫奇科克(Ferris & Hedgcock,2014:241-242)而则交叉使用了 written teacher feedback 和 written teacher commentary。不难看出,这里问题的核心是,在写作教学中,反馈究竟是 feedback、response 还是 commentary。安德雷德和埃文斯(Andrade & Evans,2013:4-5)对相关文献进行梳理后指出,在有关二语写作反馈的文献中,feedback 和 response 这两个术语应用最为广泛,两者意思基本相同,不同的学者有不同的选择,也有学者将两者混用,这种现象并没有人提出反对意见。鉴于此,同时考虑中文表达顺序,本研究采用 teacher written feedback 的说法,并用 commentary 一词专指教师对学生作文进行评价以及提出修改建议时所写的评语。

在二语写作教学中,一般认为,教师书面反馈主要包括纠错和评语两个部分。纠错的主要目的是为了提高学生书面表达的准确性。费里斯(Ferris,2011:3)将学生写作中的错误定义为"偏离目标语言规则,违背受过良好教育的、以目标语为母语的成年说话者的期待的形态、句法、和词汇形式"。对这些错误进行反馈时,教师可采用文中批注或边注(marginal notes)的形式。除纠错外,另一种反馈形式是写评语,这时教师需要结合写作目的对学生作文进行评价,具体形式主要包括边注和尾注(end notes)两种。戈尔茨坦(Goldstein,2005)《二语写作课堂中的教师书面评语》(*Teacher Written Commentary in Second Language Writing Classroom*)一书对二语写作课堂中的教师书面评语(teacher written commentary)进行了专题讨论,这是第一部专门深入探讨教师书面评语的专著，其关注的焦点是如何对学生作文的修辞[①]和内容进行有效评价（Goldstein，2005：3）。当然，除了修辞和内容外，教师还可以对学生作文中的语言使用情况进行评价。虽然有些专家建议，教师在评语中应该避免将对学生作文思想和内容的评价与对语言错误的反馈混合在一起（Ferris & Hedgcock，2014：249），甚至不少专家还否认了基于过程的写作课程（process writing curriculum）中语言形式反馈的作用，认为在作文修改过程中，教师反馈时应该更多关注意义而不是语言形式，但是也有不少专家提出了反对意见（Andrade & Evans，2013：3-6）。费里斯和赫奇科克（Ferris & Hedgcock，2014：249）对此做了进一步说明，他们明确指出，尽管大部分研究（包括他们自己的研究）将对内容的反馈与对词汇及句法问题的反馈区分开来，但是需要承认的是，这种区分在很大程度上是武断的。虽然意义决定形式，但是不准确的语言形式却会使意义变得晦涩，进而妨碍读者理解，因此，他们认为，就作文的早期版本而言，教师的主要任务是帮助学生修改作文内容。然而随着作文的日益成熟，学生需要对其作文进行编辑、校对，并改正其中的语言错误，这时教师对语言错误的反馈便可以起到有效的促进作用（Ferris & Hedgcock，2014：249）。另外，对学生作文中语言错误的处理主要是通过句子层面的纠错反馈来实现的，虽然教师可以在评语中对语言形式进行整体评价，但评语的重心依然是内容和修辞特征。

事实上，除了纠错和写评语外，二语写作教师还可以采用另外一个重要的反馈途径来帮助学生提高写作能力，即给学生提供写作示范。这一点在二语写作教学研究中还没有得到足够的重视。但是，教师作为学生二语输入的重要来源，如果能够给学生提供

---

① 戈尔茨坦所说的修辞特征包括组织（organization）、发展（development）、体裁要求（genre requirements）、目标读者（audience）、写作目的（purpose）、衔接（cohesion）和连贯（coherence）等七个方面（Goldstein，2005：108）。

针对性的写作示范，必然能够给学生写作能力的发展带来有效的推动。因此，在考查二语教师的写作书面反馈能力时，理应给予示范写作能力一定程度的关注。

2.2 写作书面反馈能力与英语教师专业能力

教师能力的重要性得到了普遍的认可，但在教育史中，关于教师能力的界定却一直争论不休，未能达成一致意见（Goodwin, 2008：400）。对此，麦克迪尔米德和克莱文杰-布赖特（McDiarmid & Clevenger-Bright, 2008：134）认为，虽然长期以来政策制定者、管理者、研究者、批评家和教师教育学家对教师各种能力的界定、各自的重要性以及习得和测量这些能力的方式持有不同的意见，但是教师能力大概可分为三个大的类别：知识、技能（craft skills）和人格（dispositions）。其中，知识涉及学科（subject matter）、学科教学知识（pedagogical content knowledge）、课程、教学法、教育基础、相关政策、不同的学习者和各自的文化、技术、儿童和青少年发展、群体过程和群体动力学（group processes and dynamics）、学习理论、动机和测试等方面；技能涉及规划、组织和精心安排教学，使用教学材料和技术管教学生、组织小组活动、监控和评价学习，与同事、家长以及社区和社会服务机构合作等方面；人格涉及信念、态度、价值观和奉献精神（McDiarmid & Clevenger-Bright, 2008：134）。由此可见，教师能力是个异常复杂的概念。

欧盟委员会（European Commission）2013年7月发布的题为"支持教师能力发展以获取更好的学习成果"（Supporting teacher competence development for better learning outcomes）的文件中援引经合组织（OECD, 2009）的观点，提倡对教学能力和教师能

力进行区分，并结合海格和麦因泰尔（Hagger & McIntyre，2006）的观点对教学能力进行了阐释，认为教学能力关注的重心是教师在课堂上所起到的作用，与教学"技艺"（craft）直接相关，为的是将专业知识和技能付诸行动（European Commission，2013：10）。该文件指出，与教学能力不同，教师能力意味着从个人、学校、地区和职业网络等多个层面系统地看待教师职业特性（European Commission，2013：10），其构成通常包括知识、技能和态度（或价值观）（European Commission，2013：30）。可见，该文件对教师能力的认识与麦克迪尔米德和克莱文杰-布赖特（McDiarmid & Clevenger-Bright，2008）的观点基本一致。

当然，教学能力和教师能力并不是两个可以截然分开的概念。确切说，教学能力是教师能力的一部分，它属于教师应具备的一种专业技能。该技能贯穿于整个教学过程，在教学规划、教学实施和教学评价等环节均有所体现，它是决定教学成败的关键因素，因此，对教学能力的培养是职前教师教育的重中之重。

对于职前英语教师来说，在掌握一定的教学能力前，还需要掌握另外一种专业能力，那就是英语语言能力。帕斯特纳克和贝利（Pasternak & Bailey，2004）认为，不论职前教师是以英语为母语者还是非母语者，语言教师教育均应当帮助他们同时提高英语语言能力和职业技能，他们的观点得到了众多文献的强烈支持（参见 Kamhi-Stein，2009：94-95）。正如默多克（Murdoch，1994）和卡伦（Cullen，1994）所强调的，语言能力在教师的教学实践中起着重要的作用，它可以提高也可以挫败教师的自信心（参见 Kamhi-Stein，2009：95）。前文提到，我国部分中小学英语教师自身的英语语言能力不够高，对英语教学产生了不利的影响。因此，在我国职前教师教育中，应着力提高职前英语教师的英语语言能力。

在本研究中，英语语言能力和英语教学能力统称为英语教师专业能力。根据上述分析，英语教师专业能力是英语教师能力的一部分，是从事英语教学工作所需要的核心专业素养，也是英语教师专业能力测试所应关注的焦点。因此，对英语语言能力和英语教学能力进行明确界定，并将其进一步细化为若干可操作的子构念是英语教师专业能力测试开发过程中的一项关键工作。具体到本研究，探讨教师写作书面反馈能力在英语教师专业能力中的重要性便成为测试任务开发前应该首先完成的工作。

前文提到，二语教师写作书面反馈可以分为评价反馈和纠错反馈。这两类反馈不仅涉及教师自身的英语语言能力，而且涉及他们的评价能力（assessment literacy），要求教师能够指出学生的语言错误，适时提供正确表达来促进学生语言能力的发展，同时要求教师对学生已经具备的能力和尚存在的不足之处进行准确诊断和恰当评价。正如经合组织（OECD，2005：97）所说，教师应当能够观察和诊断个体学习者的长处和弱点，并给他们及其父母提供指引。为了实现上述目标，教师需要具备评价能力，掌握和综合使用形成性评价和终结性评价（formative and summative assessment）方法，并能够使用考试结果来对学生的语言能力进行诊断，同时根据学生成绩来对课程和教学做出相应的调整（OECD，2005：97）。

教师的评价能力的重要性在各国制定的教师专业标准中也得到了充分的体现。例如，美国全国教师教育认证委员会制定的外语教师标准、美国州际新教师评估与支持联合会制定的外语教师标准、英国的合格教师资格专业标准和澳大利亚全国教师专业标准均对教师的评价能力提出了明确要求（参见熊建辉，2014）。我国教育部2012年印发的《中学教师专业标准（试行）》也将教育教学评价作为教师专业能力的一个维度进行了论述，明确指出教师应能够"利用评价工具，掌握多元评价方法，多视角、全过程评价学生发展"。《中小学英语教师专业水平等级标准（试行）

及认证、考核体系》"标准研制组"组长龚亚夫教授2011年在《中国教育学刊》上发表的题为"创建我国中小学英语教师知识与能力体系"的文章，对中小学英语教师专业等级标准的制订进行了说明，文章将测试与评价作为英语教师应具备的核心能力进行了论述，指出"测试与评价是教学过程的重要环节，其主要作用在于促进学生学习"，它们"不仅涉及对学生日常学习过程的监测与诊断，还包括对其整体发展的评估"（龚亚夫，2011：63）。我国新版高中英语课标更是明确指出，"教学评价是英语课程的重要组成部分""科学的评价体系是实现课程目标的重要保障""应贯穿教学过程的始终，体现在教学实践的各个环节"。

  对学生表现进行评价是任课教师最重要的职责之一（Deluca et al.，2016；Fulcher，2012；Gareis & Grant，2015；Stiggins，1991/2002；Vogt & Tsagari，2014）。对于学生和教师来说，评价和反馈是无法逃避的，是教育环境中固有的契约式协定（contractual agreement）的一部分（Burke & Pieterick，2010：35）。因此，对好的评价行为的认识，即通常所说的评价能力，对教师而言至关重要，它在实现和保持教学和学习整体质量中占据中心的地位（Crusan et al.，2016：43）。然而，当今许多教师对教育测量知之甚少（Popham，2009：5）。早在1991年，美国著名教育评估专家理查德·斯蒂金斯（Richard J. Stiggins）便撰文对课堂评价研究匮乏的现状进行了严厉的抨击，呼吁应加大力度培养教师的评价能力，并质问"如果我们真正关心学生成就，那么为什么不下大力气去确保每位教师均具备在日常课堂中对学生成就进行评价的能力？"（Stiggins，1991：539）。时隔二十多年后，斯蒂金斯（Stiggins，2014：68）再次指出，虽然教师需要花费长达四分之一到三分之一的职业时间去处理与评价有关的工作，但是他们却缺乏做好评价所需要的必要训练。加赖斯和格兰特（Gareis & Grant，2015：4）也指出，与教学规划、教学实施和课堂管理等其他教学实践能力相比,许多新任教师和老教师的评价能力较弱。然而,作为教育者,教师的评价能力不足会严重削弱教育的质量,因此,近年来,培养教师的评价能力被越来越多的教师专业发展项目看作是一个理应关注的焦点(Popham,2009:4)。

斯卡里诺(Scarino,2013:310)认为,二语教育尤其依赖对学生成就的评价,因此,二语教师的语言评价能力也就显得尤为重要。就写作教学而言,克鲁桑等(Crusan et al.,2016:43)认为,评价学生作文占据了二语写作教师大部分的工作量。怀特(White,2009)也指出,评价在任何写作课堂上都是普遍存在的现象,它对于促进学生的学术发展来说具有极为重要的作用(转引自 Crusan et al.,2016:43)。因此,评价学生的写作过程和写作成果,作为教师的一项中心职责,应该与教学大纲设计、课堂规划、任务和作业开发以及反馈程序紧密联系在一起(Katz,2014)。

写作评价的目的是为了教学,如果能确保评价的可靠性和有效性,评价结果提供的信息将直接或间接地促进学生独立写作能力的发展(Ferris & Hedgcock,2014:197)。根据斯蒂金斯和杜富尔(Stiggins & DuFour,2009:641),对于一个处于平衡状态的课堂评价环境而言,应该是利用形成性评价来促进学习,同时利用终结性评价来核实学习成就,两者相比,形成性评价更为重要。当然,终结性评价和形成性评价均是为了考核学生的学习成就,两者相辅相成,不可偏废。前者关注的是在某一学习阶段结束时学生所实际获得的能力,而后者关注的是在学习过程中的某一时间点学生已具备的能力以及有待进一步掌握的能力。但是,两者相比,形成性评价的促学作用更为突出。在整个学习过程中,教师应该借助形成性课堂评价来不间断地给学生提供信息,使他们及时了解自己所处的位置以及接下来需要学习的内容,以便通过不断的积累来最终达到学习目标(Stiggins & DuFour,2009:

641）。因此，课堂评价的首要目的应该是促进学习，而不是仅仅对学生的成绩进行检验（Stiggins，2002：761）。在课堂教学中，这种面向学习的评价（assessment for learning）体现在多个方面，例如，教师可以将课堂评价结果转化成描述性反馈（descriptive feedback），以帮助学生有针对性地提高个人能力（Stiggins，2002：761）。总之，分数、等级和评价性反馈应当持续地对写作者的学习过程做出贡献，以提高他们的写作技能（Ferris & Hedgcock，2014：197）。

根据以上论述，评价是教学活动中不可或缺的一部分，也是教师必备的专业素养。对英语写作教学而言，评价是横跨英语语言能力和英语教学能力的一种重要的专业技能。对学生的写作能力进行准确评价，既要求教师应具备较高的英语语言素养，同时也要求教师能够根据教学目标、教学内容和教学活动来合理选用恰当的评价方式，并按照一定的评价标准来对学生的写作能力进行准确诊断。评价的目的不是给出一个合理的分数或等级，而是为了最终促进学生英语写作能力的发展。简单说，就是为了实现以评促学，而以评促学的关键在于反馈，即给学生提供必要的信息，以便他们能够充分认识自己的优缺点，在不打消他们学习积极性的同时，给他们指明未来需要努力的方向。因此，对于英语写作教学而言，评价是帮助学生了解个人写作能力的方法，而借助评价进行的反馈则是直接介入和影响学生写作学习过程的必要手段。可以说，没有反馈便无法实现课堂评价的促学作用。我国新版高中英语课标在论述写作微技能培养时明确要求，要注重培养学生"构思、写提纲、修改等技能"，这些均离不开教师的有效评价。显然，评价学生作文是高中英语教师需要完成的重要工作之一。所以，为了确保高中英语写作教学的有效性，写作评价能力的培养理应成为英语教师职前和在职教育中必须关注的一个焦点。

总之,反馈是一种综合技能,在写作教学中,无论是纠错反馈还是评价反馈,均是在对学生作文进行评价的基础上产生的,是教师评价能力和英语语言能力在英语写作教学中的直接体现。因此,考查英语教师的写作书面反馈能力,也就是考查他们的评价能力和英语语言能力。

2.3 二语习得研究中有关纠错反馈作用的论述

2.3.1 语言学视角

2.3.1.1 对比分析

对比分析(Contrastive Analysis)研究重视对学习者错误的处理。正如布鲁克斯(Brooks,1960:58)所说,错误如同犯罪一样应当避免,并应消除错误产生的影响。因此,对比分析研究主张通过比较一语和二语的异同来预测和解释学习者可能遇到的困难,并在教学中集中练习学习者预计难以掌握的语言结构,以避免一语可能带来的负迁移(negative transfer)(Saville-Troike, 2006)。

对比分析研究的理论基础是行为主义心理学。行为主义认为,如果学习者在受到刺激后获得机会去练习如何提供正确的反应,学习便得以发生;如果学习者的反应是错误的,则必须提供纠错反馈,因为错误会妨碍目标习惯的养成(Bitchener & Ferris, 2012:4)。可见,行为主义充分认识到了纠错反馈的重要性,但是其出发点并不是通过纠错来提高学习者对语言形式的关注,而是为了避免错误的发生和坏的习惯的养成。

2.3.1.2 错误分析[①]

由于对比分析在解释某些学习者错误上遇到了困难，因此研究者后来将焦点转向对学习者错误自身的分析上，这时错误分析研究应运而生。错误分析的经典代表作是彼德·科德（S. P. Corder）于 1967 年在《国际应用语言学评论》(*International Review of Applied Linguistics*）杂志上发表的《论学习者错误的意义》（"The significance of learners' errors"）一文。在该文中，科德（Corder）对语言输入提出了新的看法，他认为语言输入是指"实际进入而不是能够进入的内容"（what goes in, not what is available for going in），而且能够控制语言输入或者更恰当地说使语言吸入（intake）的人不是任课教师，而是学习者自身，因此在课堂上仅仅将某一语言形式展现给学习者并不一定能够确保该语言形式可以成为语言输入（Corder，1967：165）。科德还认为，在母语学习环境中，可以作为语言输入的数据相对来说是巨大的，但是儿童可以自行决定选择哪些数据来作为语言输入（Corder，1967：165）。显然，科德所讲的语言输入并不是指学习者所接触到的所有目标语材料，他引入了学习者的主观意识，将语言输入上升到了语言吸入的层面，认为语言输入是指学习者所察觉到的那部分目标语材料。但可惜的是，科德并未对语言吸入进行深入的探讨，也没有分析学习者是如何从巨大的目标语数据中选择出部分材料来作为语言吸入的，而是将研究的视角随后转向了对学习者错误的分析上。

科德区分了行为错误（errors of performance）和能力错误（errors of competence），认为前者是机会使然，不具有系统性，并将其称为失误（mistakes）。他用错误（error）专指学习者所犯的系统性错误，这些错误有助于了解学习者现有的二语知识。科德

[①] 本节内容是在作者撰写的《外语教与学的理念和方法》一书相关内容的基础上修订而成的。

认为错误的作用主要体现在三个方面：通过系统分析学习者所犯的错误，任课教师可以了解他们所取得的成绩以及今后有待学习的内容；学习者所犯的错误能够给研究者提供证据，以便探究语言是如何被学习或习得的，以及学习者在语言探索中所采用的策略或程序；此外，犯错误是学习语言的一种手段，对于学习者来说，是必不可少的，这一点，从一定程度上看是错误最为重要的意义（Corder，1967：167）。总之，犯错误被视为学习者用于验证个人语言假设的途径，不管是母语习得还是二语学习，它都是儿童常用的一种策略。

对于科德来说，错误并不是学习者需要努力消除的坏习惯（bad habits），而是研究者或任课教师了解语言学习过程的一个窗口。错误分析理论将应用语言学的研究视角从语言教学转向语言学习，有助于我们更加清楚地认识语言学习的过程和本质，进而能够在教学中正确地对待学习者所犯的语言错误。

总之，错误分析可以从宏观上给纠错反馈提供指导。例如，郭晓华、欧阳菁（2010）通过实验研究得出："错误分析理论指导下的写作教学与训练不仅有助于教师和学生构建认识、纠正写作错误的理念，培养学生对文本中错误的积极态度，也有利于一定程度上减轻学生对犯错误的心理负担……"

2.3.1.3 监察模式

随着乔姆斯基对行为主义语言观的猛烈抨击和语言天赋论的提出，纠错反馈的作用受到了质疑，其中一个典型的代表就是克拉申（Krashen，1982）提出的监察模式（Monitor Model）。监察模式由五个假设构成，其中最为根本的假设是"习得和学得之分"。根据这一假设，成年人二语能力的提高可借助两个界限分明、彼此独立的方式。第一种方式便是语言习得（acquisition），这一过程与儿童一语能力的发展相似。克拉申受到乔姆斯基的影响，接受语言习得机制这一概念，并认为成年人在习得二语时依然能够使用语言习得机制。他认为,语言习得是一个下意识的过程(subconscious process),习得者通常意识不到自己在习得语言,而是仅仅知道自己在使用语言进行交际,这样习得而来的语言能力也是下意识的(Krashen,1982:10)。促进二语能力发展的第二个方式是学得(learning),克拉申(Krashen,1982:10)用语言学得指处于学习者意识层面的二语知识(conscious knowledge of a second language)。

克拉申(Krashen,1982)认为,习得比学得更为重要,学得仅能起到监察作用,而且无法转变成习得。根据这一理论,纠错对于无意识的习得而言起到的作用很小或者根本不起作用(Krashen,1982:11),虽然有意识的监察能够注意并修正语言错误,但是这种错误改正不会促成语言习得或者永久性的改变,真正的习得只能来自可理解性输入(comprehensible input)(Krashen,1982:28)。他还指出,纠错产生的效果是让学生即刻产生抵触心理,并鼓励他们策略性地避免错误的发生,避免使用较难的语言结构,更少地关注意义和更多地关注形式,这可能会打乱整个交际重心(Krashen,1982:75)。因此,他主张在交际类的活动中应该完全消除纠错行为(Krashen,1982:76)。总之,克拉申(Krashen,1982:92)认为习得来自可理解性输入,而不是纠错。虽然他也曾强调,并不是说纠错完全不起作用(Krashen,1982:62),并且论述了纠错可能起作用的若干条件,但是他对纠错的作用自始至终持有怀疑态度,并明确指出,即便列举的所有条件都得到了满足,自己对纠错的功效依然并不持有乐观的态度(Krashen,1982:119)。

克拉申关于习得和学得等相关论述提出后即受到了广泛的抨击,其中对其抨击最为严厉的恐怕是格雷格(Gregg,1984)。在对克拉申提出的五个假说进行了逐一批判后,格雷格(Gregg,1984:95)指出,我们目前尚没有一个二语习得理论,但是有一个坏的理论还不如没有好。虽然格雷格的批判有些过于犀利,但是他的确戳中了克拉申的要害。比如,他指出,克拉申认为有意识的学得(conscious learning)无法转变成无意识的习得(subconscious acquisition),以及语法规则的讲解不能促进二语习得,但是关于这些观点他并没有提供有力的证据(Gregg,1984:81-82)。

2.3.2 心理学视角

2.3.2.1 注意假说

有意识的学习究竟能否促进二语习得呢?面对克拉申等人的质疑,施密特(Schmidt,1990:130)认为,是时候该重新严肃考虑意识(consciousness)这一现象以及它在语言习得中可能起到的作用了。施密特(Schmidt,1990:131-134)首先区分并论述了意识的三种涵义:作为觉察的意识(consciousness as awareness)、作为意图的意识(consciousness as intention)和作为知识的意识(consciousness as knowledge),并将觉察进一步分为感知(perception)、注意(noticing)和理解(understanding)三个层面。其中,感知是指创造外部事件的内部表征的能力和心理结构,感知并非一定是有意识的,潜意识的感知也可能存在(Schmidt,1990:130)。注意到的信息一定是事先感知到的,但感知到的信息不一定能够进入注意层面。例如,当阅读时,我们通常注意到的是所读的内容,而不是体现作者风格的句式的独特性,文本的字体类型,以及隔壁房间里收音机播放的音乐或窗外的背景噪音,当然我们依然能够感知到这些竞争性刺激的存在,而且也可以选择性地去关注它们(Schmidt,1990:130),比注意更高层面的意识是理解。当我们注意到环境的某些特征时,我们可以对它们进行分析,并将它们与在其他场合注意到的内容进行比较;我们还可以对意识到的内容进行反思,并尝试理解其意义

(Schmidt，1990：130)。所有这些心理活动，也就是我们通常所说的思考，都是在意识层面内进行的，而且解决问题和各种元认知分析都属于理解层面的意识（Schmidt，1990：130-131）。在这三个层面中，施密特尤其强调注意的重要性。他明确指出，虽然没有理论不具有争议性，但是几乎所有的关于意识的理论都在尝试解释注意以及引发注意的系统（Schmidt，1990：135），由此可见注意在心理学研究中的重要地位。

施密特结合心理学中的信息加工理论（information processing theories）和全局工作空间理论（global workspace theory）对意识在二语学习中的作用进行了详细论述。上文提到，克拉申认为习得来自可理解性输入，然而根据信息加工理论，输入只有变成吸入（intake）后才能进入学习者的认知加工系统。施密特不同意克拉申将可理解性输入等同于吸入的观点，他认为吸入是学习者注意到的那部分语言输入，而且不管学习者是有意去关注输入中的某一语言形式，还是完全处于无意识的状态，只要被注意到，这一语言形式即可变成吸入（Schmidt，1990：139）。然而，学习者并不能随心所欲地去注意他们需要注意的语言形式，注意能力（noticeability）受到若干因素的影响（Schmidt，1990：144），其中包括教学策略、频率、感知凸显度、信息加工能力和任务需求（Schmidt，1990：143）。

施密特（Schmidt，1990：149）否认了潜意识语言学习（subliminal language learning）的可能性，并充分肯定了注意对语言习得的促进作用。他关于注意假说的论述不仅驳斥了克拉申关于学得不能转变成习得的观点，而且为显性教学的作用提供了理论支撑，并为教师反馈有效性研究奠定了一定的理论基础。根据施密特（Schmidt，2001），合理的教学活动应该能够让学习者注意到他们依靠自己可能无法注意到的东西。反馈，尤其是纠错反馈，正是因为能够影响学习者的注意能力才受到了研究者的广泛关注，正如杨颖莉、于莹（2016：408）所提到的："学界认为，反馈能够引起学习者对目标语言形式的注意，并能够将自己的错误与目标语言形式进行比较，形成新的语言假设，有助于语言形式的习得。"

2.3.2.2 输出假说

除注意假说外，另一个为反馈有效性提供支撑的理论是斯维恩（Swain）提出的可理解性输出假说（Comprehensible Output Hypothesis）。斯维恩对参加法语浸入式教学项目（French immersion program）的学生的法语能力进行了系列测试，结果显示，在接收了长达七年的可理解性输入后，与本族语者水平相比，他们的语法能力依然存在一定的差距（Swain, 1985：251）。这些学生之所以没有展示出类似本族语者的产出能力，斯维恩（Swain, 1985：249）认为不是因为他们的可理解性输入有限，而是因为他们的可理解性输出受到了限制。其一，在课堂上，这些学生根本没有足够的机会去使用目标语言，尤其是在后面几个年级；其二，在语言产出方面，他们没有受到"逼迫"（not being "pushed"）（Swain, 1985：249）。在前几年，他们掌握了一些表达策略，这些策略足以让教师和同伴理解他们的意思，因此，好像没有社会或认知压力来让他们产出能够更加恰当或更加准确地反映其意图的语言，也就是说，由于他们现有的产出看似可以成功地传达他们的意图，导致他们没有受到"逼迫"去对目标语言做进一步的语法分析（Swain, 1985：249）。因此，斯维恩（Swain, 1985：245）对克拉申提出的可理解性输入是促成二语习得的唯一因素的看法提出了质疑，她（1985：252）认为，可理解性输出也是语言习得的一个必要机制，其作用至少是可以为情景化的、有意义的语言使用创造机会，并让学习者有机会去检验自己关于目标语言的假设，同时使学习者从纯粹的语义分析转向句法分析。

斯维恩（Swain, 2000：99）对上述观点做了进一步阐述，指出输出的重要性在于，与输入相比，输出能够"逼迫"学习者对语言进行更深层次的加工，并激励他们从理解过程中常见的语义和策略加工转向准确输出所需要的语法加工。她还指出，不管是说还是写，学习者均需要创造语言形式和意义，并在此过程中发觉他们已经具备和尚欠缺的能力（Swain，2000：99）。此外，输出或许还能够对注意（noticing）起到促进作用，使学习者要么注意到目标语中凸显的或者频繁出现的特征，要么注意到目标语言形式以及个人语际语和这些语言形式之间的差别，要么注意到自己尚不知道如何准确表达自己的意图，也就是说，注意到个人语际语中存在的漏洞（Swain，2000：99-100）。

斯维恩和蓝普金（Swain & Lapkin，1989）充分肯定了纠错反馈的重要性，并指出学习者不仅需要产出二语的机会，而且需要被"逼迫"着去努力实现二语产出的连贯性、准确性和得体性。她们发现，浸入式课堂中缺乏前后一致、不模棱两可的教师反馈，并认为这肯定不会有助于语言学习（Swain & Lapkin，1989：155）。在她们看来，这是交际语言教学面临的一个两难的境地：如果停下来纠正每一个错误，肯定会阻断交际的流畅性；然而如果不纠错，则很有可能阻断语言学习（Swain & Lapkin，1989：155）。对此，斯维恩和蓝普金（Swain & Lapkin，1989）认为可以在两者之间找到平衡，并随后对一些可能的纠错方式进行了探讨，并将前后一致的、富有创新性的纠错策略视为浸入式教学方法的三个基本要素之一。

2.3.3 社会学视角

2.3.3.1 互动假说

除了注意假说和输出假说外，可以为反馈有效性提供理论基础的还有互动假说（Interaction Hypothesis）和社会文化理论（Sociocultural Theory），两者均强调互动的重要性。范巴腾和贝纳蒂（VanPatten & Benati，2010：99）认为，根据互动假说，通过互动，学习者或许能够被引导去注意那些他们在其他情况下注意不到的内容，能够起到这种引导作用的因素包括输入调整（input modifications）和反馈，其中输入调整是指其他说话者会根据对学习者理解困难的感知来调整自己的话语，而反馈是指其他说话者会以某种方式向学习者表明其语言产出中存在不规范的地方。

　　在围绕互动假说进行的研究中，有的学者对输入调整和互动调整（interactional modifications）（或者说是会话互动结构调整，modifications of the interactional structure of conversation）这两个概念进行了区分，有的学者则将两者混合使用。早期的互动假说源于对本族语者和非本族语者之间会话的分析，在朗（Long，1981）看来，在这类分析中，两个相互关联但又可以明显区分开的现象——给非本族语者提供的输入和与他们之间的互动，经常被混为一谈，于是他论述了将两者进行区分的理论和实践意义。根据朗（Long，1981：259）的论述，输入指所使用的语言形式，而互动指这些语言形式所起到的作用，其中包括解释、重复和澄清。可见，朗用互动调整指为了促进理解而采取的一些话语策略，其中包括理解核对（comprehension check）、核实（confirmation check）、澄清请求（clarification request）、自我重复（self-repetition）和他人重复（other-repetition）（Long，1983a）。朗认为输入调整并不利于二语习得，因为输入调整通常的做法是转而使用学习者已经熟悉的语言结构和词汇，这样虽然能够满足交际的即时需要，但是无法满足学习者语际语发展的需要，因为这样会剥夺学习者接触新语料的机会（Long，1983a：101）。朗（Long，1983b）还指出，根据相关研究，在本族语者与非本族语者之间的会话中，互动结构调整比话语调整（speech modifications，即输入调整）应用更为广泛。至此，朗虽然没有明确提到反馈的作用，但是他论述的一些互动调整策略，如核实和澄清请求，实际上就是常见的反馈手段。

早期的互动假说研究主要围绕可理解性输入和互动调整展开，正如埃利斯（Ellis，1991：4）所说，互动假说有两个主要论断：（1）可理解性输入对于二语习得来说是必不可少的；（2）在围绕交际问题进行的协商中，对会话互动结构进行的调整有助于使输入变得可被学习者理解。

埃利斯（Ellis，1991）探讨了互动在二语习得中的作用，并论述了互动假说中存在的问题，之后结合注意（noticing）、比较（comparison）和融合（integration）这三个二语习得基本程序对互动假说进行了修正。修正后的互动假说如下：

（1）可理解性输入对二语习得有促进作用，但并不是必要条件，也不是充分条件。

（2）对输入进行的调整，尤其是在围绕交际问题进行协商中做出的调整，有可能会促成习得，但条件是学习者能够理解这些输入和注意到其中新的语言特征，并将所注意到的特征与自己的语言输出进行比较。

（3）要求学习者对自己最初的语言输出进行调整的互动能够促进二语知识的融合。（Ellis，1991：36）

与朗（Long，1981/1983a/1983b）不同，埃利斯（Ellis，1991）在对输入调整（包括输入简化）的作用进行肯定的同时，弱化了可理解性输入的作用，并对注意和语言输出的作用给予了充分关注。但是，从上面第二条可以看出，埃利斯并没有对输入调整和互动调整进行区分。比如，在对互动调整和理解之间的关系进行总结时，埃利斯（Ellis，1991：29）说："互动调整有助于学习者理解有难度的材料。它们比预先调整好的输入（premodified input）更能促进理解。"这里互动调整显然是指在互动中对语言输入做出的调整，包括对语言输入的简化。埃利斯（Ellis，1991）最大的贡献是将输入、互动、注意和输出这四个语言习得中的关键要素联系在一起,他认为互动有助于引起学习者对输入中新的语言特征的关注,进而使他们将这些特征与自己现有的语言产出进行比较。且看下面这个例子:

> NNS: No go disco this Saturday.
> NS: Oh, so you're not going to the disco this Saturday?
> NNS: Yeah, not going.(Ellis,1991:33)

在这样一个互动中,本族语者对学习者的话语进行了重新表述,而学习者在回应中采纳了其中的一个语言特征(Ellis,1991:33)。在这一互动中,本族语者采取的互动调整手段实际上就是朗(Long,1981/1983a/1983b)所说的核实。与埃利斯不同的是,朗把核实错误地认为是使语言输入变得可理解的手段。例如,朗(Long,1983a:100)曾说:"除了对输入本身进行调整外,一定还有其他的途径可以使输入变得可理解。"他接下来提到的一种途径就是"借助自我和他人重复、核实和理解核对,以及澄清请求等手段来调整会话的互动结构"(Long,1983a:100)。实际上,所谓的核实,类似隐性纠错中的重述(recast)。核实这一互动调整手段的作用不在于可以使输入变得可理解,而在于它一方面可以给学习者提供新的语言输入,另一方面也能够促使学习者对自己的输出进行适当调整。正如朗(Long,1983a:111)自己所说,当信息从学生流向教师,或从非本族语者流向本族语者时,核实应用得更为广泛,这一点与澄清请求类似。应该说,核实和澄清请求实际上是一种间接反馈手段,可惜的是早期的互动假说和埃利斯后来对互动假说的修正均未对此有所论述。

明确提出反馈作用的是朗在 1996 年发表的《语言环境在二语习得中的作用》("The role of the linguistic environment in second language acquisition")一文。该文提到,语言环境对于二语习得的作用可能体现在很多方面,但是或许最为根本的作用在于说话者和写作者给学习者提供了关于目标语言的正面和负面语据（positive and negative evidence）（Long，1996：413）。正面语据是指在交际过程中给学习者提供的二语中合乎语法的和可以接受的范本，以及当学习者不能辨认时提供的违反语法规则的语言使用实例；负面语据是指他们提供的关于什么是违反语法规则的直接或间接信息（Long，1996：413）。负面语据可以是显性的，如语法解释或显性纠错；也可以是隐性的，如表示不理解或在回应中附带进行的纠错（Long，1996：413）。朗（Long，1996：413）还对核实这一负面反馈手段进行了说明，指出核实是指说话者在不打断会话的前提下对学习者先前产出的话语进行重新表述，他认为这种负面反馈可以提供额外的正面语据，同时也有可能提供输入中欠缺的语言形式。

朗结合相关文献对输入、注意和负面语据在二语习得中的作用进行了详细论述，尔后指出可解性语言输入对于二语习得来说具有必要性但不具备充分性（Long，1996：425），注意可能具备充分性，但不具备必要性（Long，1996：427），负面语据虽然可能有助于促进二语习得，但是对于一些二语结构的学习而言其必要性值得怀疑（Long，1996：445）。之后，朗转而论证了会话（conversation）的若干作用，并在上述论证的基础上对互动假说做出如下修正：

"意义协商，尤其是引起本族语者或能力更强的交际者做出互动调整的协商，能够促进习得，因为它可以将输入、学习者内在能力（尤其是选择性注意）和输出有效地连接在一起。"（Long，1996：451-452）

修正后的互动假说充分强调了在意义协商中给学习者提供的负面反馈的重要作用。根据朗（Long，1996：414），在协商或其他情况下获得的负面反馈或许能够促进二语习得的发展，至少能够促进对词汇、形态和每个语言所独有的句式结构的习得，同时对于学习某些可明显辨别的一语和二语间的差异来说或许能够起到至关重要的作用。朗（Long，1996：452）认为，由于意义协商涉及相关语言表达的循环使用，在对学习者话语进行的重新表述中目标语言形式出现的频率得以提高，因而可以提高它们的凸显度（saliency）以及被学习者注意到的几率。此外，意义协商以及协商中的重述（recast）所提供的纠错反馈可以使学习者了解自己话语中存在的问题（Mackey，2006：405）。也就是说，协商或许可以使学习者集中关注语言形式，使他们更有可能察觉新的语言形式以及输出和输入之间的差距（Long，1996：453）。另外，对反馈的重视还体现在朗对于任务教学的论述中。根据朗（Long，1998：43-44），基于任务的语言教学有两个方法论原则（methodological principle），一个是提供负面反馈，另一个是以形式为中心（focus on form），而实现以形式为中心的一个途径就是纠错反馈。由此可见反馈在任务教学中的重要性。

2.3.3.2 社会文化理论[①]

近年来，从社会文化理论（Sociocultural Theory）角度对二语习得进行的研究愈来愈受到人们的重视。与大多数语言学视角的研究相比，社会文化理论对所学二语的结构范式的关注较少，它重视学习者的活动和投入，而非先天的语言习得能力；与大多数心理学视角的研究相比，社会文化理论关注的焦点不是内因，而是学习者外部的因素，同时否认学习者是一个自主的加工者（autonomous processor）（Saville-Troike，2006：111）。

最近发展区（Zone of Proximal Development）是社会文化理论中的一个重要概念，这一概念是维果斯基于1978年提出的。维果斯基（Vygotsky，1978/1997）讨论了学习和儿童发展之间的关

---

① 本节内容是在作者撰写的《外语教与学的理念和方法》一书相关内容的基础上修订而成的。

系，认为有必要从至少两个层面上对儿童发展做出区分。他所说的第一个层面是实际发展水平（actual developmental level），涉及儿童已经具备的心理功能（mental functions）。一般认为，在没有成年人的干预下，儿童能够独立完成的活动即代表了他们现有的心理能力（Vygotsky，1978/1997：32）。维果斯基（Vygotsky，1978/1997）所论述的第二个层面是潜在发展水平（level of potential development），涉及儿童具备的尚未稳定的心理功能。此时，儿童需要在同伴或成年人的协助下来完成所面临的认知活动。维果斯基（Vygotsky，1978/1997：32）认为，与独立完成的任务相比，在其他人的协助下所完成的任务，从某种意义上说，更能体现儿童的心理发展水平。他将实际发展水平和潜在发展水平之间的距离称为最近发展区，其具体表述如下：

"它（最近发展区）指独立解决问题时所体现出的实际发展水平和在成年人的指引下或与能力更强的同伴的协作下解决问题时所体现的潜在发展水平之间的距离。"（Vygotsky，1978/1997：33）

维果斯基用非常通俗的语言对实际发展水平和潜在发展水平做了进一步的解释。他（Vygotsky，1978/1997：33）说，儿童的实际发展水平阐释的是已经成熟的功能，这些功能是发展的终端产品，如果说一名儿童能够独立完成这样或那样的任务，那么这就表明完成这些任务所需要的功能对她而言已经成熟。相比之下，最近发展区所阐释的是处于成熟过程中的功能，这些功能也许明天就能成熟，但目前仍处在胚胎之中，可以将它们称为发展的"花蕾"或"花朵"（"buds" or "flowers"），它们还不是发展的"果实"（"fruits"）。

根据维果斯基（Vygotsky，1978/1997：34-35）的观点，语言形成的最初动因是为了给儿童提供工具以便与周围的人们进行交流，只有在后来转换成内在话语（internal speech）时，语言才开始用于组织儿童的思维，即转变成内在心理功能。维果斯基（Vygotsky，1978/1997：35）赞成皮亚杰的观点，即交流（communication）可以促使人们去验证和核实自己的思维，认为内在话语和反思性思维（reflective thought）同样是源于儿童和周围的人们之间的交际（interaction）。他指出，学习的一个关键特征是它能够创造最近发展区，也就是说，学习可以唤醒多种内在发展程序，而这些程序只有当儿童与周围的人们进行交际时，或者是与其同伴进行合作时，才得以运作，一旦这些程序内在化，它们便成为儿童独立发展成就的一部分（Vygotsky，1978/1997：35）。

总之，社会文化理论认为，学习，包括语言学习，是以对话为基础的（dialogically based），因此二语习得不是一个纯粹基于个体的过程，它需要个体和他人共同参与（Ellis，2009：12）。对话互动可以使教师创造一定的语境，以便初学者能够主动参与自己的学习，同时也使教师能够对给初学者提供的支持进行微调（Anton，1999；转引自 Ellis，2009）。

将社会文化理论应用到二语纠错反馈的一个代表性研究是阿尔贾夫雷和兰托夫（Aljaafreh & Lantolf，1994）。该文通过实证研究得出，有效的纠错和语言学习关键取决于其他个体提供的调节（mediation），这些个体与学习者一起通过对话共同构建最近发展区，使得起到调节作用的反馈产生关联，并因此能够被学习者用来修正自己的语际语系统（Aljaafreh & Lantolf，1994：480）。阿尔贾夫雷和兰托夫（Aljaafreh & Lantolf，1994：480）认为显性纠错和隐性纠错均与学习存在潜在的关联，但是专家提供的反馈应该随着初学者语言能力的变化而变化，也就是说，起初专家对初学者语言行为的控制较多，但这一控制能力要在专家的指引下逐步转交给初学者自己，以使初学者逐步摆脱对专家的依赖。因此，教师要根据学习者的需要及时调整反馈，对于语言水平较低的学习者应该提供更多的直接反馈和显性反馈,而对于语言水平较高的学习者而言,隐性反馈也许更能促进其语言能力的发展,因为隐性反馈可以给学习者更多的控制自己语言行为的权力,而逐步提高自身的控制能力或许是促进语言发展的关键。

除了上述研究外,结合社会文化理论对二语反馈进行的研究还有纳萨吉和斯维恩(Nassaji & Swain,2000)、维拉米尔和德格罗雷(Villamil & de Guerrero,2006)、纳尔逊和卡森(Nelson & Carson,2006)、塔迪(Tardy,2006)、盖淑华和周小春(2013)、陈亚平(2016)。

事实证明,自从20世纪90年代初期开始提倡以形式为中心的教学(form-focused instruction),无论是在理论研究还是教学方法研究中,纠错反馈均受到了大量的关注(Sato & Lyster,2012:592)。萨维尔·特罗伊克(Saville-Troike,2006:110)指出,纠错反馈在二语学习中较为常见,或许是促使学习者最终达到类似本族语者水平的必要因素。希恩和埃利斯(Sheen & Ellis,2011:596)发现,在纠错反馈行为结束后,如果学习者能够有机会去修正或改正(repair/correct)自己起初所犯的错误,纠错反馈则有可能起到促进语言习得的作用。作为一种修正性产出(modified output),上述即时反应(uptake)或许可以帮助学习者在短时记忆中演练正确的语言形式,并巩固语言形式和功能之间的匹配,以使他们能够将得到纠正的语言特征更加全面地融入自己的语际语中(Sheen & Ellis,2011:596)。

2.4 教师书面反馈在二语写作教学中的作用

给学习者提供反馈一直被认为是教师的一项基本职责。反馈的重要性得到了大多数二语学习和语言教学理论的认可,例如,行为主义和认知主义学习理论均认为反馈有助于二语习得（Ellis, 2009：3）。以学习者为中心的教学更是给反馈以中心地位（Rinvolucri，1994：287）。

长期以来，反馈，由于其对学习和学生动机的潜在促进作用，一直被认为是二语写作能力发展中的一个至关重要的因素（Hyland & Hyland，2006：83）。在基于过程的、以学习者为中心的课堂中，反馈被视为一个重要的发展工具，它可以使学习者通过多稿写作逐步提高有效自我表达的能力；从互动论视角，反馈被普罗布斯特（Probst，1989）看作确立读者反应在意义塑造中重要性的一个关键手段；而在基于体裁的课堂中，反馈则是教师提供的支架（scaffolding）的重要组成部分，它有助于树立学习者的信心，并为他们提供读写资源，以使他们能够参与目标社区活动（Hyland & Hyland，2006：83）。可以说，反馈在二语写作教学中得到了普遍的应用。但是，人们对于反馈作用的认识并不是一成不变的，而是在质疑和反驳中逐渐深入。

2.4.1 有关教师书面纠错反馈作用的论争

20世纪八九十年代，一些研究者对教师反馈的有效性提出了质疑，并声称纠错反馈不但会令二语学习者沮丧，而且对他们随后的写作通常也起不到任何改善作用（Hyland & Hyland，2006：84）。特鲁斯考特（Truscott）1996年在《语言学习》（*Language Learning*）杂志上发表的《反对二语写作课中语法纠错的理由》（"The case against grammar correction in L2 writing classes"）一文在对相关文献进行梳理的基础上更是彻底否认了语法纠错的作用。该文对相关研究进行回顾后得出，应该放弃二语写作课中的语法纠错，其原因有三：（1）大量的研究表明语法纠错无效，没有研究证实语法纠错能起到任何的帮助；（2）不管是从理论还是实践角度，都有理由来预见其无效性；（3）语法纠错会产生有害的影响（Truscott，1996：327）。当然需要指出的是，特鲁斯考特并不拒绝反馈这一教学手段，而且明确指出，针对有关作文内容、组织结构和清晰度等方面的反馈，他没有什么意见需要表达，同时也不认为这些反馈受到了错误的理念的误导；他也并不否认语法准确性的重要性，他论述的是语法纠正是否有助于提高语法的准确性，即提高学生在写作中正确运用语法的能力（参见 Truscott，1996：329）。

特鲁斯考特（Truscott，1996）关于"语法纠错无用论"这一偏激的论述可谓一石激起千层浪。正如李洁冰（Lee，2014：1）指出的，近年来，对教师书面纠错反馈的研究兴趣日益高涨，而促发该类研究的主要动机便是对特鲁斯考特（Truscott，1996）的反击。为驳斥特鲁斯考特（Truscott，1996）的观点，在随后十几年中涌现了大量的专门针对书面纠错反馈有效性的研究，如比奇纳（Bitchener，2008）、比奇纳和诺奇（Bitchener & Knoch，2008）、比奇纳和费里斯（Bitchener & Ferris，2012）、费里斯（Ferris，1999/2002/2003）、格尼特（Guenette，2007）和范贝因根等（van Beuningen et al.，2008/2012）。

埃利斯（Ellis，1998：53）在论述负面反馈的作用时指出，虽然特鲁斯考特（Truscott，1996）断定反馈不会帮助学习者在后续的写作中消除语法错误，但是近期的一些课堂研究显示，交际活动环境中的负面反馈或许能够促进语际语的发展。费里斯（Ferris，1999：2-5）对特鲁斯考特（Truscott，1996）的观点进行总结后发现，特鲁斯考特不仅没有对纠错这一术语进行明确界定，而且他进行的文献梳理也存在三个突出的问题：（1）不同研究的研究对象不具备可比性；（2）这些研究的研究范式和所使用的教学策略存在很大的差别；（3）他忽视了与自己观点相悖的研究结果，同时夸大了负面证据。

特鲁斯考特（Truscott，1999）随后对费里斯（Ferris，1999）

进行了回应,他开篇指出,大家都想当然地认为语言教师就应该纠正语法错误,而且几乎不存在反对的声音,这样的结果导致教学中缺少有效的选择(Truscott,1999:111)。他认为,一个文献综述者最佳的贡献便是提供另外一种值得信赖的选择,并以强有力的方式将其展示出来,以获取他人严肃认真的考虑,而他的文章(Truscott,1996)正是想努力地告诉教师们,还存在另外一个可供考虑的选择(Truscott,1999:111-112)。如果这就是特鲁斯考特(Truscott,1996)的出发点,那么他提出的彻底放弃语法纠错反馈的主张显然是偏离了这一目的。纠错或是不纠错,本来就是任何一个语言教师在教学中需要面对的选择。如果要论述不纠错的好处,大可不必全力去论述纠错的坏处,只需论述不纠错到底好在哪里就行了。特鲁斯考特(Truscott,1996)显然是在这里栽了跟头,他全篇论述的是为什么要放弃语法纠错,而不是告诉老师们在不纠错的情况下如何提高语法的准确性。特鲁斯考特(Truscott,1999)在逐一对费里斯(Ferris,1999)的批判进行了回应后指出,对于费里斯提出的"许多有趣的问题仍有待研究"的观点,他表示赞同,并声称自己并没有说研究已经证实纠错在任何情况下都不会起到有益的作用,但是既然存在很多放弃纠错的好的理由,就不能想当然地认为,纠错这一做法应该持续下去(Truscott,1999:121)。他接着辩称,或许更加合理的做法是承认语法纠错从总体上看是一个坏的主意,然后研究是否可以找到一些个案来证实纠错或许不是一个完全被误导的行为,如果找到了,那么纠错在严格的限制下,或许可以成为一个恰当的工具(Truscott,1999:121)。这显然是特鲁斯考特面对费里斯的抨击做出的妥协。

为了证实纠错反馈的有效性,不少研究者进行了实验研究。例如,比奇纳(Bitchener,2008)及比奇纳和诺奇(Bitchener & Knoch,2008)通过实验证明,在即时后测中,接受书面纠错反馈的学生的表现明显强于没有接受纠错反馈的学生，而且反馈的效果可以持续将近两个月的时间。在回答"书面纠错是否能够促进二语形式和结构习得"这一问题上，比奇纳和费里斯（Bitchener & Ferris，2012：50）认为，出现在特鲁斯考特（Truscott，1996）之前的一些研究在研究设计上存在关键性的缺陷。范贝因根等（van Beuningen et al.，2008）在反驳特鲁斯考特（Truscott，1996）时也指出，在研究纠错反馈对于提高语言准确性的长期效应上，由于研究设计自身的缺陷，导致一些研究得出了无效的结论。于是，他们重新进行了比较研究，将直接纠错和间接纠错的效果与两个控制变量（一是给学生提供额外练习写作能力的机会，一是在不提供任何反馈的情况下让学生自我改正错误）的效果进行比较。研究结果显示，直接纠错和间接纠错反馈均有助于提高语言表达的准确性，而相比之下，两个控制变量对于准确性的提高均未产生显著的影响。范贝因根等（van Beuningen et al.，2012）进一步通过实验证实了纠错反馈的有效性，同时发现，直接纠错能够提高后续写作中的语法准确性，而对提高非语法方面的准确性最有帮助的是间接反馈。

近年来，国内也涌现出大量的有关英语教师写作书面反馈的研究，其中，不少研究也驳斥了特鲁斯考特（Truscott，1996）关于"语法纠错无用论"的观点。例如，陈晓湘、李会娜（2009）以非英语专业二年级学生为研究对象进行的实验研究显示，教师书面纠错性反馈可以显著提高学生语言表达的准确性，在该方面直接反馈比间接反馈的效果更佳，而且教师针对整体内容提供的反馈，无论是具体反馈还是笼统反馈，均能够有效提高学生作文的质量。李竞（2013）针对英语专业三年级本科生进行了历时一学年的课堂教学个案研究，研究结果进一步证实，反馈，无论是纠错性的还是非纠错性的，均能够提高学生语言表达的准确性，而且非纠错性反馈还有利于引导学生关注内容和结构，进而帮助他们提高语篇的整体效果。王颖、刘振前（2012）以英语专业二年级学生为对象进行了教学实验研究，研究也发现教师反馈可以明显地提高学生词汇和语法表达的准确性。袁丹（2016）则针对高中二年级学生进行了教学实验研究，结果也显示教师的纠错性反馈能够有效提高学生英语语言的准确性。

可以说，国内以上研究均有力驳斥了特鲁斯考特（Truscott，1996）关于语法纠错不能提高学生写作准确性的论断。与上述研究不同，李勇、邓红霞（2012）则在实验研究中重点关注了非英语专业二年级学生写作的复杂度，研究显示教师纠错性反馈，无论是直接反馈还是间接反馈，均不会降低学生写作的复杂度，这进一步否定了特鲁斯考特（Truscutt，1996）有关教师反馈会限制学生写作复杂度的论断。

特鲁斯考特（Truscott，1996）一文刊出十年后，肯·海兰和菲奥娜·海兰（Hyland & Hyland，2006：83）指出，虽然在全世界的二语写作课程中反馈占据了中心的地位，但是对于其在写作发展中的作用，研究文献并未一致认可。他们回顾了 200 多篇文献后得出，一些关键性的问题仍有待解决，其中包括对不同文本特征进行反馈的最佳方式、上下文的作用、提供反馈和对反馈进行回应的个人偏好，以及同伴反馈和口头反馈的合理利用（Hyland & Hyland，2006：96）。

然而，肯·海兰和菲奥娜·海兰（Hyland & Hyland，2006）的研究受到了拜伯等（Biber et al.，2011）的批判。拜伯等（Biber et al.，2011：1-2）认为，之所以对反馈的作用缺乏一致意见，一方面是因为先前关于反馈的研究中研究设计和方法论各不相同，另外在对研究现状进行文献分析时也缺乏定量分析技巧。根据拜伯等（Biber et al.，2011：2）的观点，先前的文献回顾类文章，包括肯·海兰和菲奥娜·海兰（Hyland & Hyland，2006），依赖的是描述性叙述分析，因此，无法对研究途径和研究设计的分布进行定量研究。因此，拜伯等（Biber et al., 2011）收集了 1980 年至 2007 年间发表在《跨学科学术写作》(*Academic Writing Across the Disciplines*)、《应用语言学》(*Applied Linguistics*) 和《写作评价》(*Assessing Writing*) 等 45 种学术期刊上的 306 篇关于反馈对写作发展的促进作用的研究论文，并从研究范式、统计分析、设计变量、目标语言、语言水平（仅针对二语研究）、参加学生人数、参加学生的年龄或年级、写作任务体裁、写作任务长度、反馈来源、反馈方式、反馈焦点、反馈语调、结果测量和结果测量时的具体焦点等 16 个因素进行了定量研究，并对其中部分文献进行了元分析（meta-analysis）。结果显示，在对反馈做出回应后，以英语为一语和二语的学生的写作能力均有所提高；二语学生比一语学生获益更大，而且语言水平低的二语学生比语言水平高的二语学生获益更大；以英语为二语的学生取得的最大收益来自对他人反馈（其中包括来自其他学生和计算机的反馈）的回应。与仅关注语言形式的反馈相比，既关注内容也关注语言形式的反馈能够带来更大的收益；与标错和纠错相比，评语对于写作发展而言能够带来更大的收益；在修改过程中提供培训可以在很大程度上提高内容分数；通过评语进行反馈，并同时聚焦内容和语言形式有助于提高整体质量评级；提高语法准确性的最佳反馈方式是同时聚焦内容和语言形式（Biber et al., 2011：49-54）。应该说，该研究在很大程度上奠定了二语写作课堂中教师反馈的"合法"地位，同时也进一步明确了反馈应该涵盖的多个纬度：既要关注内容和语言形式，也应同时提供评价性反馈和纠错反馈。

2.4.2 有关自然课堂环境中教师写作书面反馈的研究

《写作评价》(*Assessing Writing*) 杂志第 19 卷（2014 年 7 月）以《写作中的反馈：问题与挑战》("Feedback in Writing: Issues and Challenges"）为题对反馈的作用进行了专题论述。该专刊主编香

港中文大学教授李洁冰（Icy Lee）对相关文献进行梳理后指出，虽然反馈与教师的工作密切相关，但是有关反馈的大多数研究脱离了实际教学环境，同时忽视了反馈的社会属性，随着研究者将反馈视为一种社会行为和一种真实世界中的实践活动，对在真实课堂环境中教师的反馈实践活动以及在具体课堂环境中学生对教师反馈实践活动的感知和反应的研究兴趣日益高涨（Lee，2014：1）。就教师书面纠错反馈而言，由特鲁斯考特（Truscott，1996）引发的大量研究均是在类似实验室条件下进行的，采用的是实验或半实验设计，缺乏教学相关性和生态有效性（Storch，2010，转引自 Lee，2014：1），因此很有必要将书面纠错反馈研究转向自然课堂环境，以便探究教师和学生的真实需求（Lee，2014：1）。

正是出于上述目的，李洁冰组织美国加州大学戴维斯分校达纳·费里斯（Dana R. Ferris）教授、美国东北大学助理学术专员克里斯汀·麦克马丁-米勒（Cristine McMartin-Miller）博士和美国鲍尔州立大学博士生妮琪·利瑟兰·贝克（Nicki Litherland Baker）等专家、学者从教师的反馈理念和实践、教师纠错实践和学生对选择性纠错与全面纠错的态度以及教师的纠错策略等角度对真实课堂中的写作反馈进行了探讨。

其中，费里斯（Ferris，2014：13）对 129 名大学写作教师进行在线调查后发现，大多数教师表示，他们采用的是面向过程的写作教学模式，其中包括写作、反馈和修改等环节，而且对于大多数或全部的重要写作任务，99%的教师反映会提供书面反馈。通过访谈，费里斯（Ferris，2014）发现，这些教师在提供反馈时会交叉关注作文的内容和语言，既使用边注（marginal notes）也使用尾注（end notes），并且除了指出作文中存在问题的地方外，还会提供修改建议。费里斯（Ferris，2014：21）还提到，一些教师充分肯定了反馈的价值，同时也有一些教师表达了沮丧之情，并对反馈的有效性和价值表示怀疑。但是，这些怀疑并没有让他们放弃反馈,正如费里斯(Ferris, 2014:22)在结语中所说,反馈耗费时间还时常令人精疲力竭,但是反馈在写作教学中却普遍存在;尽管有些专家对反馈的作用表示了强烈的质疑,但是写作教师却依然一如既往地提供反馈。

麦克马丁-米勒(McMartin-Miller, 2014:24)指出,在赞成纠错的二语写作研究专家中,大多数都提倡教师应该有选择性地进行标错。然而写作教师在课堂上是如何落实这一"最佳实践"("best practice")的?学生又是如何看待教师处理错误的方式?为了对这两个问题进行研究,麦克马丁-米勒(McMartin-Miller, 2014)访谈了美国某大学一年级写作课的3名教师和19名国际学生。研究显示,3名教师在提供反馈的程度上各不相同,他们采用的反馈方式灵活多变且与上下文有关;学生更倾向于全面错误处理(comprehensive error treatment),但同时也有学生对其中一位教师的选择性错误处理(selective error treatment)方式表示满意(McMartin-Miller, 2014:24)。进一步研究还发现,教师和学生对教师处理错误方式的认识存在偏差,同时学生在修改作文时近乎完全依赖教师反馈(McMartin-Miller, 2014:24),这说明学生不仅对教师处理错误的方法缺乏了解,而且大多数学生似乎还缺乏独立修改作文的能力(McMartin-Miller, 2014:33)。因此,教师要确保学生能够完全理解自己处理错误的方式以及背后的原因,在识别和更正错误的过程中让学生更多地参与,并培养他们自我修正的能力(McMartin-Miller, 2014:33)。当然,正如麦克马丁-米勒(McMartin-Miller, 2014:33-34)所说,由于调查对象仅涉及3名教师和19名学生,研究结果不具备概括性,因此她呼吁围绕教师反馈方法进行大规模调查研究以及历时研究,以进一步探讨全面纠错和选择性纠错对于提高学生写作准确性的影响。

批改学生作文往往是件乏味、重复并耗时的工作,那么写作教师是如何应对这些工作的呢？贝克（Baker，2014）围绕这一问题对3名写作教师进行了访谈。参与访谈的3名教师均认为，学生应当得到关于自己作文的有用的评价和公平的分数，然而由于作文批改任务繁重，实现这一目的对于他们来说实际上是件相当困难的事情（Baker，2014：43）。为了使任务变得轻松些，他们均使用了一定的技巧，其中包括少布置一些作业和为自己设定时间限制，把最好的班级留到最后批改，以及在课堂会议、邮件和同伴工作坊中提供和布置形成性反馈（Baker，2014：43）。除了应付繁重的作文批改工作外，写作教师还往往承受着很大的心理压力，不得不面对来自同事、管理者、学生以及文章和图书作者的批评，例如萨默斯（Sommers，1982）便对教师反馈进行了批判（Baker，2014：44）。在贝克进行的访谈中，一名教师多次提到她受到了来自学生的挑战，因此在描述自己关于学生作文的看法时，她会慎重措辞，以免学生对评语的解读偏离了自己的意图，同时还不得不有意识地使评价变成正面评价，以便鼓励学生而不是使他们泄气，这一做法让她精疲力竭（Baker，2014：44）。因此，为了使写作教师能够保持工作热情并更好地应对繁重的作文批改工作，贝克（Baker，2014：46-47）认为不仅需要给他们提供额外的奖赏，而且还应该给他们的工作提供更多的理解和支持。例如，如果研究者以及文章和图书的作者将批评降低到最低限度，教师便能够花费更少的时间进行自我审查和关注反馈的细枝末节，进而将更多的时间用于关注学生学习，同时享受这一经历；管理者也应该理解教师面临的工作困难，在学生抱怨时给教师以尊重和支持（Baker，2014：47）。

李洁冰（Lee，2014：4）在对上述研究进行总结时提到，虽然研究的具体角度不同，但是这些文章有一个共同点，即都重视反馈在提高学习和教学质量方面的重要作用。

除了上述研究外，国内也有不少研究者对真实写作课堂教学进行了跟踪调查。例如，杨鲁新（2013）对一位英语写作教师和四名非英语专业学生进行了一个学期的课堂观察，结果显示，四名同学均表示自己非常重视教师书面反馈，并在修改作文时采纳了大部分教师意见；该教师在提供书面反馈时同时采用了边注和尾注，其中边注集中关注语言形式问题，而尾注多涉及篇章结构及内容，这些反馈触动的一系列修改使学生作文的整体质量得到了提高。黄静、张文霞（2014）通过课堂跟踪观察发现，与机器反馈和同伴反馈相比，教师反馈的优点是可以同时兼顾语言和内容的，能够在篇章结构方面给学生提供个性化指导，帮助他们明确写作修改方向，因此在终稿中被学生接纳的比率更高。袁志芬、谢薇（2015：58）通过调查发现，"教师写作反馈对于提高学生写作信心、表达准确性以及整体写作水平都有一定帮助"。

上述研究表明，无论是否怀疑反馈的有效性，教师均在写作教学中给学生提供不同程度的反馈。当然，批改学生作文并提供恰当反馈不是一件容易完成的事情。如果反馈内容不当，或者与学生缺乏沟通，便可能招来学生的质疑和挑战。因此，培养和提高写作教师的书面反馈能力符合课堂教学的实际需求。

2.4.3 我国英语学习者对教师写作书面反馈的接受程度

除了对教师反馈的有效性进行验证外，国内不少研究还系统比较了学生对教师反馈、同伴反馈、计算机自动反馈等不同反馈来源的接受程度。这些研究涉及高中生、本科生和研究生三个不同层次的英语学习者，但均发现，在上述反馈中学生对教师反馈的接受程度最高。

例如，袁志芬、谢薇（2015）通过调查发现，高中英语教师在对学生作文进行书面反馈时更多的是采用纠错性反馈，这种反馈方式深受学生欢迎，相比，学生不喜欢同伴反馈和教师面批等其他反馈方式。

除高中生外，有不少研究以非英语专业二年级学生为写作教学实验研究对象，这些研究也均证实了教师反馈的重要性。其中，周一书（2013）在教学实验后对学生进行了问卷调查，结果显示学生对教师反馈的满意度和接受程度很高，他们"对教师评改有着一种难以割舍的信任和依赖情感"，这说明"教师指导在学生写作学习过程中始终起着至关重要的作用"，而且"教师反馈对增强学生写作时的篇章布局意识具有明显的促进作用"。杨苗（2006）进行的教学实验显示，与同伴反馈相比，学生更容易接受教师反馈，而且教师反馈更能够提高作文质量。金晓宏（2016）也发现，学生对自我评改反馈和同伴评改反馈的认可度很低，相反，他们非常乐意接受教师评改反馈，尤其是间接评改反馈。

与以上研究对象不同，戚焱（2004）探究了教师反馈和同伴反馈对提高英语专业四年级学生的议论文写作水平的作用，研究发现，教师反馈的有效性胜于同伴反馈，而且学生更重视教师反馈，也更希望教师能够对其作文进行评改。李奕华（2015）比较了不同反馈方式的有效性和相应的学生态度，研究发现，教师反馈以及批改网自动评分和教师干预相结合的反馈方式，与单纯的批改网自动评分相比，更能提高英语专业本科生的英语写作水平，而且三种反馈方式中，学生接受程度最高的是教师反馈。

杨丽娟等（2013）则通过教学实验探究了在研究生写作教学中使用不同形式的反馈的有效性，具体反馈方式涉及教师反馈、同伴反馈以及两种反馈相结合的形式，研究结果表明教师反馈和同伴反馈均能有效提高学生的写作水平，两者相比，学生更信任和重视教师反馈，但是也愿意接受在以教师反馈为主的前提下将两种反馈相结合的形式。在论述研究对写作教学的启示时，她们指出，"中国英语写作教学中传统的教师反馈方式应该继续保持，它的专业、全面、系统与权威都给学生写作水平的提高提供了坚实的保障"(杨丽娟等，2013：67)。

上述研究表明，在我国英语写作教学中，不管是研究生、本科生还是高中生，均非常重视教师反馈在其写作能力发展中的作用，虽然同伴反馈和计算机自动反馈都有各自的优势，但是学生更希望在写作过程中得到教师反馈，尤其是教师书面反馈。这一点与国际二语和外语写作课程情形吻合，正如肯·海兰和菲奥娜·海兰（Hyland & Hyland, 2006：84）所提到的，尽管口头反馈和同伴反馈得到了越来越多的重视，但是教师书面反馈依旧在二语和外语写作课堂中占据中心的地位。

2.5 二语教师写作书面反馈能力培养中存在的问题

教师写作书面反馈的作用固然重要，但是教师在给学生提供书面反馈时却往往会遇到不同程度的困难。例如，教师通常会怀疑自己的评价是否公正、评语是否正确、标准是否够高或过高，以及是否在批评和表扬之间保持了良好的平衡（Burke & Pieterick, 2010：26）。

费里斯（Ferris, 2002）认为，为了有效地对学生错误进行反馈，并提供策略培训和语法教学，不仅要求教师对教学方法、教学材料和教学手段做出合理选择，而且还要求教师自身应具备扎实的语言学知识和较强的分析能力。为了更好地培养写作教师的这些能力，费里斯（Ferris, 2002：57-62）从三个方面对相关问题进行了论述。

她提到的第一个问题是，教师处理错误的策略并非总能起到有效的作用，因此写作教师应该事先努力提高有关目标语言结构的知识，以便将来能够通过纠错反馈或课堂教学将这些知识成功地传授给学生。特鲁斯考特（Truscott, 1996：349-350）在从教学实践角度论述语法纠错的无效性时指出，不少教师并不能够给学生提供充分和有效的纠错反馈，有的教师根本意识不到错误的存在，有的教师虽然对错误有所觉察，但是由于对错误的性质缺乏理解，进而不能给学生提供合理的解释。这种现象在我国英语教学中也较为常见，下面三个例子选取自国内某外语类核心期刊2016年发表的一篇有关语法纠错的文章，从这些例子可以看出，教师的纠错能力尚有待提高。

（1）Everyone wanted to succeed, but there were only a few people's dreams came true.

根据该文作者的分析，这句话存在动词重复的问题，可改为："Everyone wanted to succeed, but there were only a few people's dreams that came true." 这类错误在我国学生作文中较为常见，原因是学生没有掌握 there be 结构的正确用法。但是，这句话显然还存在另一个更为严重的错误，即该句子前后两个分句结构不够协调，缺乏平衡，为了解决这一问题可进一步将其修改为："Everyone wanted to succeed, but only a few people could have their dreams come true." 修改后的句子前后结构更为协调，语意也更为连贯。

（2）Mo Yan, a 60 years old well-known writer in China, he is also the first Chinese writer to win the Nobel Prize for Literature.

该文作者指出，这句话的问题是存在名词重复，可改为："Mo Yan, a 60 years old well-known writer in China, is also the first Chinese writer to win the Nobel Prize for Literature." 不难看出，所谓的名词重复无非是代词 he 使用不当。但是问题似乎没有这么简单，修改后的句子中的 "also" 如何解释？这里显然没有可以供参照的东西。此外，句中还有另外一处错误，那就是 "60 years old" 应改为 "60-year-old"。因此，这句话修改后应该是："Mo Yan, a 60-year-old well-known writer in China, is the first Chinese writer to win the Nobel Prize for Literature."

(3) Before arguing about the money, the first step is taking this counterfeit to the bank.

该文作者认为,这句话存在悬垂分词的问题,于是建议采用复合句,在从句中加上主语,如"before we argue about the money"。殊不知,这句话中还存在其他问题。首先,"the first step"通常用于介绍完成某件事情的具体程序,然而修改后的句子中显然无法看出具体的程序是什么。其次,修改后,两个分句的主语转换过于突然,造成句子不够协调。为了解决这些问题,可以对原句做如下修改:"To argue about the money, the first step is taking this counterfeit to the bank."或者"Before arguing about the money, we should first take this counterfeit to the bank."

这篇文章中还有其他几处也存在纠错不当的情况,本书就不再赘述。总之,这些例子充分印证了特鲁斯考特的上述观点。不管是直接纠错还是间接纠错,准确识别学生错误均是确保反馈有效性的基本前提。在进行直接纠错时,如果教师不能够全面、正确地认识学生所犯的错误,或者不能针对学生错误提供合理的修改建议,那么这种纠错行为很难从实质上提高学生的二语写作能力。此外,对于学生而言,教师对其语言产出进行的修正将成为新的语言输入来源(Andrews,2007:38)。那么,如果教师对学生语言错误的修正不当,则很有可能对学生语言学习造成负面影响。因此,为确保纠错这一教学手段的有效性,首先需要切实提高二语教师的纠错能力。

费里斯(Ferris,2002)提到的第二个问题是,教师培养项目或许并不能够充分地处理有关纠错方面的问题。她认为,写作教师应该针对如下观念做好知识储备:二语习得和读写能力习得过程、目标语言结构和语法、写作教学的原则和理论、二语写作和一语写作的差异、教学语法(尤其是写作课中的语法)的原则与实践，以及给不同群体的学生提供有效反馈的原则（Ferris，2002：60）。然而，在实践中，许多教师接受过职前写作培训，但没有接受过语言学、语法或二语习得培训，另外一些教师接受过语言教学培训，但却在写作方面接受的培训很少（Ferris，2002：61）。这些因素导致二语写作课堂中存在过度纠错、偶尔纠错、无效纠错甚至从不纠错等现象的存在，这些现象在很大程度上要归咎于不当的教师教育（Ferris，2002：61）。

费里斯（Ferris，2002）提到的第三个问题是，教师或许会从理念上反对纠错。她认为，克拉申和特鲁斯考特等人对纠错反馈作用的否定可能会对一些教师教育项目产生影响（Ferris，2002：61）。关于这一点，她没有，事实上也没有必要做过多的论述。既然有不少实证研究可以佐证纠错反馈的有效性，而且在实际的二语写作教学中纠错反馈也普遍存在，那么二语教师教育项目就没有任何理由回避对职前教师二语写作反馈能力的培养。可以说，切实培养和提高教师的纠错反馈能力也是确保二语教学有效性的前提。

费里斯（Ferris，2002）主张，应该改革教师培育项目，给职前教师提供充足的实践培训，以提高他们的写作纠错能力。同时，她还论述了培养教师纠错能力需要遵守的五条原则（详见 Ferris，2002：61-70）：

1）二语写作教师需要研究对英语为非本族语者来说尤其难以掌握的语法现象。

2）二语写作教师需要练习识别学生作文中的错误。

3）二语写作教师需要练习如何开发课程以给学生讲授语法点和修改策略。

4）二语写作教师需要了解二语习得理论和写作理论。

5）二语写作教师应当熟悉不同任务类型和学科所需要的语言结构。

费里斯（Ferris，2002：71）在对上述原则进行总结时指出，具有较强的英语语言能力并不能确保教师能够诊断学生错误，对其进行回应，并对英语中的语法概念进行解释。她通过自己作为教师和教师教育者的经历证实，二语写作教师能够学会也应当学会如何有效地处理学生错误（Ferris，2002：71）。总之，在帮助学生应对写作错误前，教师自己必须先做好准备（Ferris，2002：72）。

上述三个问题涉及的是纠错能力。前文提到，在教师给学生提供写作反馈时，除了纠错外，还有另外一项重要的工作，即写评语。如果说纠错能力的高低更多的是依赖教师自身的外语水平，那么写评语则对教师提出了更高的要求，不仅要求教师能够对"什么是好的作文"有正确的认识，而且要求教师能够对学生作文进行批判性解读，指出其长处，并在不影响学生写作积极性的同时指出其作文中尚存在的主要问题，以便为下一步修改指明方向。因此，与纠错相比，写评语对教师的认知能力提出了更高的要求。也正是因为如此，对不少新任教师而言，给学生作文写评语成为一件富有挑战且棘手的工作。戈尔茨坦（Goldstein，2005：125）发现，她所接触的许多职前和在职教师对写作过程存在错误的认识，且均表示难以对学生作文进行书面评价。费里斯和赫奇科克（Ferris & Hedgcock，2014：238）则进一步指出，由于不知道从何处入手，或者如何令评语既清楚又富有建设性，同时还不致于打消学生写作的积极性或者带有过于命令式的口吻，由此引发的焦虑情绪会让新任教师不知所措。而由于有效评价学生作文需要耗费大量的时间，即使更有经验的教师也会面临巨大的压力并时常怀疑自己的评价是否真正给学生带来了任何帮助。因此，戈尔茨坦（Goldstein，2005：125）认为，与职前和在职二语写作教师共事时，最具挑战性问题之一便是如何帮助他们掌握可靠且有效评价学生作文的方式。

应该说，上述纠错能力和写作评价能力匮乏的现象在我国英语教师中也普遍存在。研究者所培养的跨文化交际方向的硕士研究生不少都走上了中小学英语教学的岗位，然而可惜的是，她们在就业前并没有接受过任何英语教学培训，更不用说写作书面反馈能力培训了。而这种现象在大学教学中也并不少见，以研究者所在的学校为例，外国语学院全体教师中在职前系统学习过语言教学和二语习得知识的教师比例尚不超过百分之十，而这些教师中有不少人在从事各类写作教学。由于对写作教学的原则和理论缺乏了解，这些教师所提供的教学并不能满足学生的学习需求。研究者在担任英语系主任期间曾做过多次学生调研，结果显示，有些写作课教师整个学期都在照本宣科，讲授写作技巧，竟然一个学期不让学生写一篇作文，更谈不上提供纠错反馈了。针对这一问题，任课教师表示，写作任务安排在了第二个学期，第一个学期主要是帮助学生打好基础。这种写作课学生上起来枯燥乏味，而且由于缺乏真实的写作任务和教师反馈，学生根本不了解自己的问题所在，因而很难有效提高写作能力。其结果显而易见，在每年的英语专业四级和八级考试中，学生的写作成绩平均分明显低于全国同类院校的总体平均分。

邹为诚（2009：8）在其调查研究中也发现了上述写作课只讲理论，不重视写作实践的现象。这说明，该现象并不是个案。这从一个侧面反映出，有必要进一步加强职前和在职英语教师教育。

除了上述问题，我国一些职前和在职英语教师的示范写作能力也有待提高。为了能够顺利进行写作示范教学，教师自己必须拥有过硬的英语写作功底。邹为诚（2009：3）在论述合格外语教师质量框架时便指出，"外语教师必须具备良好的语言能力，在外语使用方面具有'专家'的水平"。然而，在一次专家论证会上，北京外国语大学英语学院徐克荣教授表示，她每年都参与评阅中学英语教师的参赛作文，从这些参赛作文可以看出，不少中学英语教师的英语写作基本功有待提高。此外，本研究进行的3次试测也发现，不少硕士研究生虽然已经获得了国家颁发的高中英语教师资格证书，但是他们自身的英语写作能力较差，并不具备胜任该学段英语写作教学的基本条件。可见，提高职前和在职英语教师的写作能力也是基础阶段英语教师教育中应该关注的一个焦点。

上述英语教师专业能力不足的现象，在一定程度上应归咎于我国不合理的职前教师教育。邹为诚（2009：14）发现，我国外语师范教育对职前教师教育中的核心任务的认识不够清楚，严重忽视对外语教师职业知识和能力的培养，很多师范院校开设的外语师范训练课程与"外语教师的专业特殊性（如识别语言协商、互动、纠错机会的知识，或如何教听力、阅读、写作、口语等专门的技能）没有密切的关系"。在这种情况下，作为一项教师资格考试，中国英语教师专业能力测试如果能够切实反映胜任相关学段英语教学所需要的核心素养，便可以给职前英语教师教育提供一定的参考，使其能够给职前英语教师提供更多有针对性的专业素质训练。

2.6 职前英语教师写作书面反馈能力测试的现状

韦尔和萨维尔（Weir & Saville，2015：x）指出，在过去几十年里，涌现出大量的关于英语教师培训的研究，然而不幸的是，围绕英语教师知识、技能和能力测评进行的研究相当少见。这种现象导致的结果是，一些关于英语教师职业资格的考试在任务的设计上尚存在一些不足之处。本节将对几个涉及职前英语教师写作书面反馈能力的考试进行评述，通过论述其中存在的主要问题，为设计新的任务形式奠定基础。

涉及反馈能力的职前英语教师资格考试包括美国教育考试服务中心负责的 Praxis-ESOL（Praxis English to Speakers of Other Languages）、美国教育考试服务中心和美国国家地理学习公司联合开发的 ELTeach、英国剑桥大学外语考试部推出的 TKT（Teaching Knowledge Test）、香港考试及评核局和香港教育局联合主办的 LPATE（Language Proficiency Assessment for Teachers (English Language)）以及中国教育部考试中心设立的英语教师资格考试。这些考试虽然涉及对写作书面反馈能力的测量，但均存在取样不足的问题。

2.6.1 Praxis–ESOL

Praxis-ESOL 测量的是在美国中小学校向母语为非英语者讲授英语所需要的基本语言学知识和教学知识，其内容包括四个大的类别，分别为语言学和语言学习基础，教学规划、实施与管理，教学评价以及与教学工作相关的文化和职业知识（ETS，2016：5）。每个大的类别包括若干项内容，例如"教学规划、实施与管理"部分涵盖教学理论、教学技巧、教学材料以及课堂和学生管理四项内容，其中"课堂和学生管理"部分提及纠错和建设性反馈的使用（ETS，2016：7）。

Praxis-ESOL 全部采用选择题的形式，所给样题中有两道题与写作反馈有关，且均要求考生识别学生作文中的错误，并对错误的性质进行判断，其中一道题如图 2.1 所示。该题型能够有效地测量考生的错误识别能力，但问题是"考试内容充分性方面尚存完善空间"（韩宝成、曲鑫，2017：72）。

3. The following is based on an excerpt from a student's essay about the student's favorite summer job.

Mr. Hunter also a good president. Since Mr. Hunter had big confidence, he led the company fluently.

The errors in the second sentence involve primarily

(A) word choice
(B) word structure
(C) word order
(D) word spelling

图 2.1 Praxis-ESOL 错误识别题（ETS, 2016: 14）

2.6.2 ELTeach

ELTeach 是为全球职前和在职英语教师开发的在线专业发展项目，它包括教学英语（English-for-Teaching）和英语语言教学专业知识（Professional Knowledge for ELT）两门课程，并针对每门课程分别开发了相应的证书考试，即 TEFT（Test of English-for-Teaching）和 TPK（Test of Professional Knowledge）（Freeman et al., 2013: 4-6）。其中，TEFT 涉及对考生写作反馈能力的考查，该考试的总体目标是检测考生是否具备必要的英语语言技能，以便能够在教学材料的支持下开展基本的英语语言教学任务（Young et al., 2014: 8）。

按照功能不同，TEFT 将基本的英语语言教学任务分为三个类别：管理课堂、理解和交流课程内容以及提供反馈信息，并根据每个功能区所涉及的语言技能将考试构念进行了细化（Young et al., 2014: 8）。例如，与阅读能力相关的一个子构念为识别学生产出中的错误，以便能够针对语法、词汇、标点、拼写等方面提供反馈信息,与该构念有关的样题如图2.2所示(Young et al.,2014:8)。

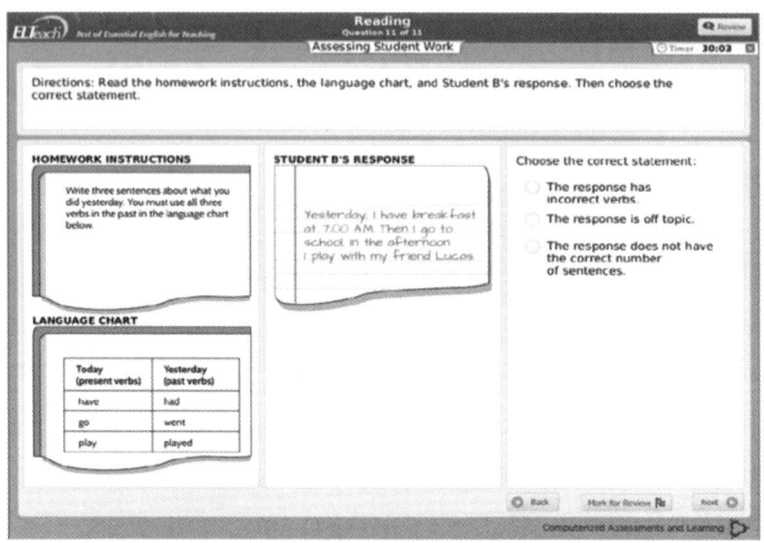

图 2.2　TEFT 错误或问题识别题

TEFT 考试题型比较灵活,既有上述选择题也有围绕听说读写设置的综合考试任务。例如,写作任务之一便是要求考生改正学生书面文本中的词形和用法错误(Young et al.,2014:21)。但是,不管采用何种题型,从其分数等级描述(见 Young et al.,2014:22-23)可以看出,TEFT 对写作反馈能力的考查仅限于对学生书面产出错误的处理上。虽然与 Praxis-ESOL 相比,TEFT 对纠错能力的考查更为充分,但就写作反馈能力而言,同样存在取样不足的问题。

2.6.3 TKT

为了帮助有意从教者顺利进入英语教学领域,向母语为非英语的人士讲授英语,以及促进在职英语教师的专业能力发展,剑桥大学外语考试部(Cambridge English Language Assessment)面向全世界推出了一系列的英语教学资格证书考试，其中与职前英语教师相关的证书考试包括 CELTA（Certificate in English Language Teaching to Adults，英语语言教师证书[①]）和 TKT（Teaching Knowledge Test，英语教学能力证书）（Cambridge English Language Assessment，2016）。

根据第四版 CELTA 大纲和测评指南（Cambridge English Language Assessment 2015），CELTA 是为没有英语教学经验或者英语教学经验很少的考生提供的入门级课程，为了获得证书，考生需要修完相应课程并且通过规定的教学实践和书面作业考核。它不集中对考生的教学能力进行测评，而是将测评融入整个课程学习当中。可见，CELTA 与本研究所说的英语教学能力测试不同，因此不再赘述。与 CELTA 不同，TKT 不提供统一的课程培训，职前教师和在职教师均可参加。

剑桥系列英语教学资格证书考试均以剑桥英语教学框架（Cambridge English Language Assessment 2014）为依托，旨在帮助职前或在职英语教师逐步实现专业发展。该框架分为四个阶段，即基础阶段（Foundation）、发展阶段（Developing）、熟练阶段（Proficient）和专家阶段（Expert），每个阶段均从学习与学习者，教学、学习与测评，语言能力，语言知识与意识，专业发展和价值观五个大的类别和若干个子类别对有效讲授相应级别的课程所需要的关键能力进行了具体说明。例如，"教学、学习与测评"这一类别的教师能力进一步分为语言学习规划、语言学习资源与材料应用、语言学习管理、语言系统教学、语言技能教学和语言学习测评六个子类别。其中，"语言学习管理"所涵盖的一个能力维度便是本研究所说的教师反馈能力。以基础阶段为例，该框架认为，教师应该对给学习者书面和口头语言提供反馈的关键技巧有

[①] 考试汉语译名来自剑桥外语考试部中文官方网站。

基本的了解，同时在课程规划和课堂实践中应该能够结合对学习者差异的理解来展示出对反馈技能的掌握情况（Cambridge English Language Assessment，2014：6）。

根据 2016 版 TKT 教师手册（Cambridge English Language Assessment 2016），TKT 测量的是英语语言教学知识，整个考试分成几个独立的模块，考生可根据需要自由选考其中任一模块或者全部模块。前三个模块为核心模块，主要考查与英语语言教学原则和教学实践相关的基础知识。其中，模块 3 涉及对纠错能力的考查，考查采用匹配题的形式，例如给考生提供一篇学生作文，并将文中出现的错误用下画线标出，同时给出多个错误类型，如 wrong pronoun 和 wrong noun form，要求考生将标出的错误与其错误类型进行匹配（详见图 2.3）。该任务显然是在考查识别错误类型的能力。此外，模块 3 还考查了对教师反馈目的的认识，具体做法是列举若干教师反馈，如 "This week's homework is much better. All that work we did on checking your writing really seems to have helped"，同时给出反馈目的，如 "to encourage students' ability to self-correct" "to raise student self-confidence" 和 "to improve classroom relationships"，然后要求考生判断每一条教师反馈属于何种交际目的（参见 Cambridge English Language Assessment，2016：38）。

上述错误类型匹配题缺乏真实性，并不能真正有效地测量考生的错误识别能力。一方面，由于出现的错误已经事先用下画线标出，所以考生不需要自己去查找作文中到底哪些地方出了问题，而是仅仅需要对出现的错误进行分析和归类，这与实际教学过程中的错误识别任务显然不同。另一方面，所列出的选项会给考生一定的提示，进而降低了错误分析的认知难度。因此，该类任务显然并不能如实反映考生的错误识别能力。

```
For questions 27 – 33, match the underlined mistakes in the student's writing with the types of error
listed A – H.

Mark the correct letter (A – H) on your answer sheet.

There is one extra option which you do not need to use.
```

Types of error

A	wrong pronoun
B	wrong noun form
C	missing article
D	missing adverb
E	unnecessary adverb
F	wrong adjective
G	inaccurate use of determiner
H	inaccurate spelling

```
Dear Sean

You asked me in your last letter about my bedroom. My bedroom is (27) not big as the one
I had before. This one is smaller. It has two windows so it has (28) a lots of light and I've
painted the room light blue. I would like to have (29) big mirror because (30) I haven't got
none and I like to see myself before I go out. At the moment (31) this is the most important
things that I need. (32) I fill that every day my room will get (33) more fuller.

Write me soon

Femi
```

图 2.3　TKT 错误类型匹配题
（Cambridge English Language Assessment，2016：34）

根据斯普拉特（Spratt，2015），TKT 测量的是考生对与语言、语言使用、语言教学和学习背景以及语言教学和学习实践活动有关的概念的了解情况，因此 TKT 测量的并不是考生的教学能力[①]，而是陈述性知识（declarative knowledge）。但是，知识和知识应用属于不同的认知层面，TKT 所考查的教师知识并不一定能够成

---

① 由此可见，将 TKT 翻译成"英语教学能力证书"考试并不恰当。

功地转化成实际的教学能力。虽然该考试对教师写作反馈能力有所涉及，但考查的仅仅是对错误类型和反馈目的的认识，这些考试构念显然无法充分反映考生的实际教学反馈能力。因此，与 Praxis-ESOL 和 TEFT 一样，TKT 同样存在取样不足的问题。

2.6.4 LPATE

LPATE 旨在测量考生是否具备在香港从事中小学英语教学的能力。根据香港考试及评核局公布的考试手册[①]，该考试共包括五张卷，分别为阅读、写作、听力、口语和课堂语言运用。其中，写作卷包括两个部分，第二部分涉及对考生纠错反馈能力的考查，具体做法是事先用下画线标出文中存在错误或问题的地方，然后请考生按要求作答。

任务 2A（详见图 2.4）考查的是直接纠错能力，要求考生根据提示识别并改正相关的错误或问题，这种主观题形式能够较好地体现出考生的实际纠错能力。然而，该考试形式也存在一些突出的问题。与 TKT 相同，LPATE 也用下画线将作文中存在错误或问题的具体位置一一标出。但是，对于教学行为测试而言，提示出错的具体位置会在较大程度上破坏测试任务的真实性，降低错误识别的认知难度。

任务 2B（详见图 2.5）的标题为 "Explanation of errors/problems"（对错误或问题进行解释）。乍一看，该任务是要求考生解释标出的错误或问题，考虑到任务 2A 考查的是直接纠错能力，读者也许会想当然地认为任务 2B 是在考查间接纠错能力。然而事实并非如此。结合答题指示和答题举例不难看出，该题实际上是要求考生用语法术语进行填空，以完成对所提及错误或问题的解释。也就是说，绝大部分的解释工作已经由测试任务开发

[①] http://www.hkeaa.edu.hk/DocLibrary/Local/Language_Proficiency_Assessment_for_Teachers/LPATE_Handbook.pdf

第 2 章 文献综述

者事先完成，考生只需填上几个恰当的语法术语即可，这显然并不能充分反映考生对错误或问题进行解释的能力。此外，作为一种间接纠错方法，教师在对错误或问题进行解释时，目标读者应该是学生。任务 2B 则不同，根据答题指示，该任务的目标读者是测试者而非学生，因此该任务缺乏真实性。由于任务要求和目标读者均不相同，任务 2B 显然与实际的间接纠错任务相去甚远。其实，该任务的测试内容与任务标题也不吻合，与其说是"对错误或问题进行解释"，倒不如说是"语法术语的应用"（Application of grammatical terms）。

Task 2A: Detection and correction of errors/problems

Below is a student's composition. Although it contains a large number of errors/problems, you are asked to correct **those in Items 2 to 10 only**. Each item has *at least one error / problem and possibly more* (e.g. subject-verb agreement; omission of third person singular 's' or plural 's'). When you provide corrections in the Answer Book, **please retain the original meaning and words as much as possible; any unnecessary changes may be penalised.** Item 1 has been done for you as an example in the right-hand column.

It was a nightmare. I still remember that night – (1) <u>it is very scarily</u> and horror and it is very unforgettable for me. (2) <u>On that night I was playing TV game in home.</u> Suddenly (3) <u>I seed many people screamed on the street.</u> (4) <u>A bigger monster was appear and had been destroying the city.</u> (5) <u>There had a lot of police discussing about what was it and what to do.</u>	*(1) it was very scary*
And I came out the street and see what happen was it. Oh no! A bigger monster was come to the city. And (6) <u>it's outlook was horrified.</u> It has three heads and six arms, and many terrific hair. I can see the city was on fire, and I can hear (7) <u>screamings, that moment was like end of the world.</u>	Now provide corrections for Items 2-10. Write them in the Answer Book.
Next the police were use laser guns to fire the robot, and (8) <u>many buildings were collapsed.</u> (9) <u>Suddenly, the street like a dead zone.</u> (10) <u>The dead silence let us scared.</u> I remember (11) <u>to feel very frightened.</u> And the robot was hurt. It was in chaos very scary. (12) <u>Totally four men was hurt.</u> Also the peoples were very helpless. And some people ran to (13) <u>the protective dome, very dark and crowded.</u> And some peoples were scream of help. The protective dome just like a hell.	
In protective dome (14) <u>some people were cry</u>, shout and scream, it was very scary. Suddenly we listened a good news. (15) <u>The robot was run out of energy, we were safe</u> – no danger any more. (16) <u>If we left the protective dome</u>, we were very happy.	
(17) <u>At last, the city explained</u> to the people that the malfunctioned robot was a product of the Artificial Intelligence Council. (18) <u>I wish this will not happen again.</u>	

图 2.4　LPATE 错题/问题改正题（来自 LPATE Handbook）

Task 2B: Explanation of errors/problems

In this task, you are asked to complete the explanations of the errors/problems in Items 11 to 18 to show your understanding of them.

You should demonstrate to the examiners your understanding of the underlying rules or generalisations, using grammatical terms where appropriate to complete the explanations.

Here is an example based on Item 1:

Item 1: it is very scarily

> There are two problems in this item. The first problem concerns the incorrect use of (a) <u>the (main) verb</u> "is". The writer should use (b) <u>the simple past tense</u> to indicate the correct time of action.
>
> The second problem concerns a wrong use of (c) <u>the adverb</u> "scarily". The (d) <u>adjective</u> "scary" should be used instead.

图 2.5　LPATE 错误/问题解释题（来自 LPATE Handbook）

除了任务的真实性外，与上述几项考试类似，LPATE 在考查职前英语教师的写作反馈能力时也仅仅关注了语言错误，同样存在取样不足的问题。

2.6.5　英语教师资格考试

内地英语教师资格考试分笔试和面试两个部分，其中笔试部分包括三个科目，分别测量综合素质、教育教学知识与能力以及学科知识与教学能力。该考试虽然没有明确提出测量考生的教学反馈能力，但是由于反馈是英语教学中的必要环节，因此测试任务必然要涉及与反馈有关的内容。

科目三英语学科知识与教学能力（高级中学）考试大纲在对

"教学实施与评价"考试模块进行说明时指出,教师要"掌握指导学生学习的方法和策略,能依据英语学科和学生的特点,根据教学实际情况,恰当地运用语言讲解、练习、提问、反馈等方法,帮助学生有效学习"。显然,教师反馈被视为促进学生有效学习的途径之一。

在科目三考试中,与写作书面反馈有关的任务是"教学情境分析题"。该题考试形式并不固定,有时要求考生对所提供的教学行为进行评价。例如,在2015年下半年的考试中,该部分提供了某英语教师对学生作文的批改案例,然后要求考生完成相应任务(详见图2.6)。不难看出,此批改案例存在一些突出的问题。例如,该教师未能将直接纠错和间接纠错较好地结合在一起,而是标出并改正了作文中绝大部分的错误。这种做法有失妥当,对于一些错误,教师应该给学生提供自行纠正的机会,让他们在不断的摸索中逐步得到提高,只有这样才能够产生更多的长时效应。另外,仅仅修正语言错误并不能有效地提高学生的写作能力。根据前文论述,该教师在进行纠错的同时,还应当通过评语对学生作文进行整体评价。毋庸置疑,作文的主要功能是传达作者思想和意图,因此除了语言表达外,教师还应当对作文内容和结构做出评价。同时,为了不打消学生写作的积极性,教师还应当对作文的优点进行表扬。

以上几个方面是该批改案例中存在的主要问题,也是考试作答的关键。考生在作答中是否能够充分涵盖以上信息可以较好地反映出他们对写作书面反馈的认识。但是,该任务的问题在于,它测量的是考生的教学评价能力,然而能够恰当评价他人的教学实践活动,并不代表考生在实际的教学中能够做得更好,因为教学评价能力和实际教学能力显然属于不同的能力范畴。同理,虽然该教学案例评价可以反映考生对写作书面反馈的认识,但是这并不能够代表他们的实际反馈能力。

三、教学情境分析题(本大题 1 小题,30 分)

根据题目要求完成下列任务,用中文作答。

32.下面是某英语教师对学生作业的批改案例:

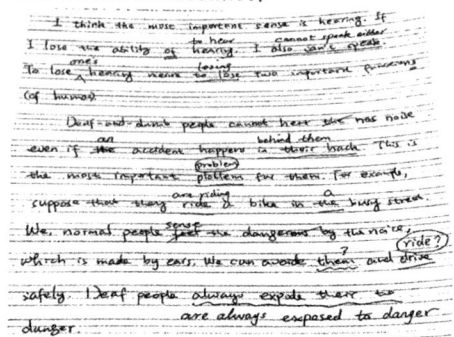

根据所给信息完成下列任务:
(1)该教师的作业批改存在哪些问题?(6 分)
(2)该批改方式可能会导致哪些负面结果?(12 分)
(3)针对存在的问题提出相应的改进建议。(12 分)

图 2.6　2015 年下半年"教学情景分析题"[①]

除了批改案例评价外,英语学科知识与教学能力(高级中学)考试中还有另外一种任务与职前英语教师写作书面反馈能力有关。例如,在 2016 年下半年的考试中,"教学情景分析题"部分提供了某高三学生的一篇书面表达,然后要求考生从学生作文中存在的主要问题等三个方面进行作答(详见图 2.7)。与上一种测试形式不同,这次要求考生评价的不是批改案例,而是学生作文本身。从设定的三个任务看,这种测试形式能够更加真实地反映考生的写作书面反馈能力。尤其是第一个问题,它显然是教师在写评语时需要思考的主要内容。应该说,能否准确识别学生作文中存在的主要问题是决定教师是否能够给学生提供有效反馈的关键。所以,第一个问题可以看作对考生写作书面反馈能力的直接测量。

---

① 图 2.6 和图 2.7 均取自《英语学科知识与教学能力历年真题及标准预测试卷(高级中学)》,中公教育教师资格考试研究院编著,世界图书出版公司 2016 年出版。

三、教学情境分析题(本大题 1 小题,30 分)

根据题目要求完成下列任务,用中文作答。

32.下面是某高三学生的一篇书面表达。
请结合生活中的一个事例,用英语写一篇短文,谈谈微笑的作用。

> It used to smile face to life. that it can help us solveun solution many difficult. which you meeting friend. A smile is greeting. Which you need helping. you give sth smiles to others, others more happied help you. Smile is best exchange of way. It is best relative to others. when others are angreed to me, we smile and apologise for others, they are quickly foreign me our. A smile can open doors and tear down walls. When you don't know others, you only give a smiles— that others can relo realized your friendships. A smile can develop people and people beteun relation. If you knows a new friends, you must first you must gives smile for you he or her.
>
> Smiles let our life change more and more beautiful. Please remember a smiles every day.

根据上面所给的信息,从下列三个方面作答:
(1)该学生的书面表达存在哪三个主要问题?(12 分)
(2)反映了该生英语学习中的哪些不足?(12 分)
(3)教师应该从哪些方面帮助学生提高写作能力?(6 分)

图 2.7　2016 年下半年"教学情景分析题"

当然,识别出问题不是主要目的,主要目的是通过进一步具体分析来提出解决问题的合理方案,这是教师接下来应该考虑的内容。但是,试题中第二个问题却偏离了正常的轨道,将焦点转向了考生的抽象概括能力。该题要求考生挖掘学生作文问题背后更为深层的原因,这一要求是典型的"透过现象看本质"——学生作文中出现的问题是"现象",其英语学习中存在的不足是"本质"。应该承认,回答第二个问题可以帮助学生查缺补漏,进一步明确学习目标,以便从根本上提高英语写作能力。但是,仅从一篇作文中总结英语学习中的不足之处,似乎有过度概括之嫌,在英语教学中,这种"管中窥豹"的方式并不一定恰当。所以,对于写作反馈而言,还是应该主张"就事论事",即标出、分析或改正作文中出现的具体错误,同时结合写作目的对作文内容和结构等方面进行评价,并提供具体修改建议,以使作文在不断的修改中逐步得到改善。即便需要将问题性质进行"升华",也必须结合多次写作进行,只有这样才能够总结出学生出错的规律,然后根据这些规律概括他们英语学习中存在的不足之处。

如果说回答前两个问题需要结合所提供的作文材料，那么第三个问题则不同，它显然并不是针对所给作文而言的。该问题的焦点是论述如何"帮助学生提高写作能力"，而不是告诉学生如何进一步修改作文。前者涉及考生的写作教学理念，而后者才关系到考生的写作反馈能力。

根据上述分析，我国中学教师资格考试中的英语学科知识与教学能力（高级中学）试题虽然涵盖了与写作书面反馈有关的内容，但是显然并不能全面和充分反映考生的写作书面反馈能力。在两种测试任务中，前一种测试形式仅仅间接检测了考生对写作书面反馈的认识，后一种虽然涉及对写作书面反馈能力的直接测量，但是仍然存在取样不足的问题，比如仅要求考生对学生作文进行负面评价，没有涉及正面评价和具体的纠错反馈。鉴于这种情况，同时考虑到书面反馈在英语写作教学中的重要作用，研究者认为，进一步加强对考生英语写作书面反馈能力的考查是我国中小学英语教师资格考试改革中需要研究的重要议题之一。

分析表明，以上几项职前英语教师资格考试虽然意识到写作书面反馈能力的重要性，但对该能力的考查大多停留在语言错误的识别和纠正上，或者仅限于指出学生作文中存在的主要问题，对写作书面反馈能力核心构念的考查尚不充分。

2.7 本章小结

写作书面反馈是教师英语语言能力和评价能力在英语写作教学中的具体体现，而评价学生的写作过程和写作成果，被认为是教师的一项中心职责。教师写作书面反馈对于促进二语写作能力发展的有效性得到了相关研究的证实，同时教师书面反馈也是我国英语学习者接受程度最高的写作反馈形式,然而二语教师写作书面反馈能力的欠缺又是一个不争的事实。

第 3 章　本研究的理论框架及整体设计

测试任务是用来收集考生信息的手段，所收集的信息会直接影响对考生能力的判断，进而影响有关决策的制定。所以说，测试任务开发是测试开发过程中一个至关重要的环节，而且在提高任务质量上做出的努力程度越大，测试的效度也就越高（Haladyna & Rodriguez, 2013: 3）。因此，测试任务开发需要遵循科学、严格的程序，以确保所开发出的测试形式能够对考生的相关能力进行有效的测量。

因此，本章在对测试开发中的效度验证进行讨论的基础上，提出研究所依据的理论框架：基于问题的职业资格测试开发模型（a question-based approach to the development of employment tests），并根据该模型对整个研究的设计进行整体规划。

3.1　测试开发中的效度验证

开发测试任务，关键是确保测试效度，即测试任务要能够有效测量欲测构念。关于测试效度，心理测量学家提出过多个模型。从尺度模型（the criterion model）、内容模型（the content model）、构念模型（the construct model）到整体效度模型（a unified model of validity），人们对于效度的认识不断地变化和深入，讨论的重点逐步从测试效度转向测试分数解释和使用的有效性（参见 Kane, 2012: 5-7）。正如《教育与心理测量标准》指出的，效度验证（validation）中评价的对象不是测试本身，而是围绕预期使用对测试分数进行的解释（AERA，APA & NCME，2014：11）。因此，效度不再被看作测试本身的质量属性，而是用来指测试分数预期解读和使用的有效性（Kane，2013a：3）。随着效度观的变化，上述模型均受到了不同程度的质疑，尺度模型的问题在于尺度的开发及其自身的有效性论证，内容模型之所以受到批判是因为其效度论证中的主观性，而构念模型和基于构念效度验证的整体效度模型则缺乏可操作性，很难有效实施（Kane，2012：5-8）。为了提高效度模型的可操作性，豪斯（House，1980）和克龙巴赫（Cronbach，1988）提出了基于论证的效度验证模型（an argument-based approach to validation）（参见 Kane，2012：8）。受到这一模型的启迪，凯恩（Kane，1992）也提出了自己的基于论证的效度验证模型，该模型包括解释性论证（interpretive argument）和效度论证（validity argument），前者后来被调整为解释/使用论证（interpretation/use argument，参见 Kane，2013a）。巴赫曼和帕尔默（Bachman & Palmer，2010）则针对语言测试提出了测试使用论证（assessment use argument）。可以说，这两个新的效度验证模型均得到了测试领域的广泛认可，但是它们也都存在各自的问题。

3.1.1 巴赫曼和帕尔默（Bachman & Palmer，2010）的测试使用论证

测试使用论证是针对语言测试提出的，但是其中涉及的测试开发和效度论证理念同样适用于其他测试产品的开发。巴赫曼和帕尔默（Bachman & Palmer，2010：430）认为，测试开发包括测试合理化论证（assessment justification）和测试生产（assessment production）两个平行的过程。在合理化论证过程中，测试开发者要清楚表述测试使用论证（Assessment Use Argument），并收集相

关证据,而测试生产过程的目的则是开发具体的测试,共分规划(planning)、设计(design)、实施(operationalization)和试测(trialing)四个阶段(Bachman & Palmer,2010:430)。

测试使用论证是指引测试开发和使用的概念框架,它遵循图尔敏(Toulmin,2003)的实用推理模型(图3.1)。

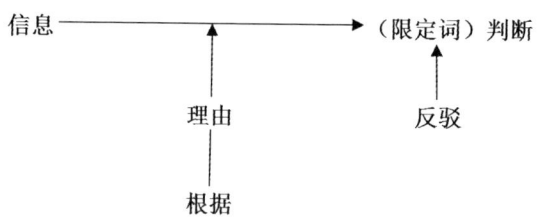

图 3.1　实用推理模型(Toulmin,2003:97)

根据图尔敏(Toulmin,2003:90),信息(data)①是做出相关判断的基础,而判断(claims)是根据相关信息推导出的结论(conclusion)。除了信息和判断外,实用推理中的另一个必要元素是理由(warrants),它用于佐证所做判断的合理性(legitimacy)(Toulmin,2003:92)。其余三个元素,即根据(backing)、反驳(rebuttals)和反驳根据(rebuttal backing),并非在所有的推理中均会出现。例如,当理由的权威性受到质疑时,才需要进一步提供支撑理由的根据(Toulmin,2003:95-96)。实用推理中有时还

---

① claim 多译作"主张"和"声明",这两个译名并不恰当。根据《现代汉语词典》,"主张"有两个含义:"对于如何行动持有某种见解"和"对于如何行动所持有的见解",而"声明"是指"公开表示态度或说明真相"和"声明的文告"。对于这两个词的解释,前者为动词用法,后者为名词用法。显然,"主张""声明"和 claim 的含义并不相同。图尔敏(Toulmin,2003)交替使用 claim 和 conclusion(结论),他所说的 claim 实际上就是根据 data 和 warrants 所得出的结论。为了与"结论"区分开,claim 译作"判断"更为妥当。同理,将 data 译作"事实"和"数据"也并不恰当。对于推理所依据的基础,图尔敏(Toulmin,2003)没有称作 fact,而是称作 data,显然是有意为之。虽然 data 在多数情况下就是 fact,但是将 data 直接译作"事实"则并不妥当。而"数据"是指"进行各种统计、计算、科学研究或技术设计等所依据的数值",其含义显然过窄。因此,将 data 译作"信息"更能反映图尔敏(Toulmin,2003)的真实意图。

需要另外一个元素，即限定词（qualifier，如"大概""或许"和"一定"），它用来限定理由对判断的支撑强度，同时也是反驳所具体针对的对象（Toulmin，2003：93-94）。

测试使用论证包括一连串的推理，这些推理将考生表现和有关测试记录（assessment records）、解释（interpretations）、决策（decisions）和结果（consequences）四个方面的判断联系在一起，其中有关上一个推理的判断成为下一个推理所依据的信息（见图3.2）。例如，最底层的推理依据的信息是考生的测试表现，而根据这一信息做出的判断包括测试记录，即分数或描述及其质量属性（Bachman & Palmer，2010：99）。也就是说，该判断包括测试记录和质量属性两个部分，按理这两部分判断依据的信息都应该是考生表现。但是巴赫曼和帕尔默的描述却自相矛盾，他们（Bachman & Palmer，2010：99）指出，测试记录基于考生表现，而相应的质量属性则需要得到论证中有关理由的支撑。按照这一说法，判断质量属性成立与否的基础并不是考生表现，那么质量属性又如何能够成为依据考生表现所做出的判断的一部分？对于该阶段推理做出的具体判断，巴赫曼和帕尔默（Bachman & Palmer，2010：103）进行了如下描述：

> The assessment records (scores, descriptions) are consistent across different assessment tasks, different aspects of the assessment procedure (e.g., forms, occasions, raters), and across different groups of test takers.

测试记录（分数、描述）具有**一致性**，不受测试任务差异、测试程序（如形式、场合和评分员）方面的差异以及考生群体差异的影响。

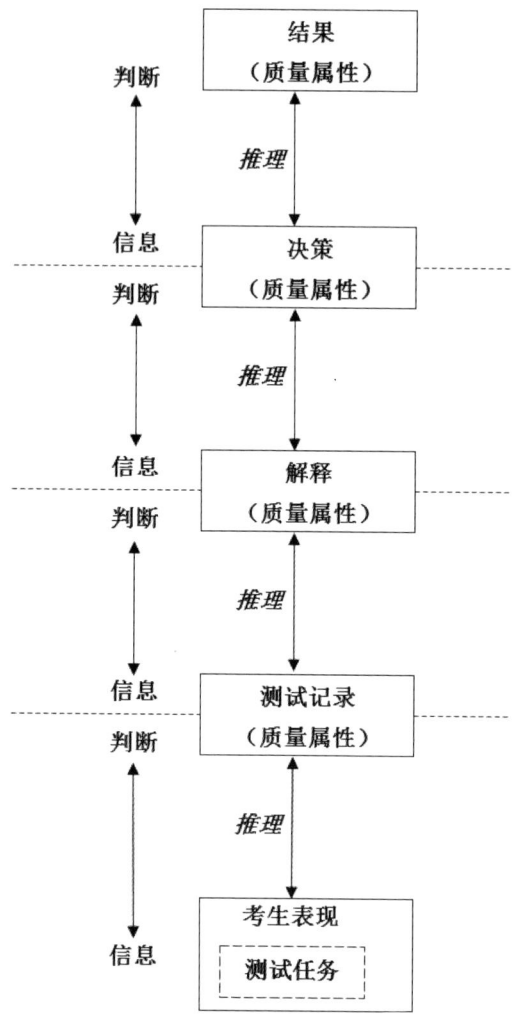

图 3.2　测试使用论证中信息-判断推理链（Bachman & Palmer, 2010：100）

上述判断涉及的质量属性是"一致性"。显然，从考生表现无法直接推导出"测试记录具有一致性"这一结论。"测试记录具有一致性"应该是针对"测试记录"所做出的另外一个判断。从"考生表现"到"测试记录"之间的推理依据是评分标准，而从"测试记录"到"测试记录具有一致性"之间的推理依据则是巴赫曼和帕尔默（Bachman & Palmer, 2010: 160-161）从施考程序、评分过程、评分员培训、评分一致性等方面列举的十条理由。

应该说，巴赫曼和帕尔默（Bachman & Palmer, 2010）提出的中间两个推理也同样存在上述问题。在测试使用论证中，他们所做的判断或者说依据相关信息所得出的结论与他们在论述实用推理时所举的两个例子存在明显的差异。例如，巴赫曼和帕尔默（Bachman & Palmer, 2010: 97）举了下面这样一个例子：

Data	Jim is going to the hospital.
Claim	Jim is sick.
Warrant (Implicit)	People often go to the hospital when they are sick.
Rebuttal	Jim could be visiting someone who is in the hospital.
Rebuttal Backing	Jim is visiting his partner in the hospital.
Counterclaim	Jim is not sick.

在上述推理中，"吉姆去医院了"是推理依据的信息，"吉姆生病了"是所做出的具体判断，这一判断的理由是"人们生病时经常去医院"。虽然这一判断不一定正确，但是根据"吉姆去医院了"这一信息确实可以推导出"吉姆生病了"这一可能的结论。如果加上图尔敏（Toulmin, 2003）所提到的限定词，可将上述判断调整为"吉姆或许生病了"，这样所做出的判断就会显得十分合情合理。也就是说，实用推理中，信息和判断之间要有直接的关系，即根据相关信息应该能够直接得出相应的判断。

根据上述分析，测试使用论证中的相关推理的症结在于巴赫曼和帕尔默（Bachman & Palmer, 2010）所设定的质量属性，这些质量属性无法通过推理直接得出。巴赫曼和帕尔默（Bachman & Palmer, 2010）借助图 3.3 对测试使用论证中的判断和理由进行了详细论述。然而，他们所说的理由显然是针对所做判断而言的，而不是针对具体的推理，这一点并不符合图尔敏（Toulmin, 2003）的实用推理模型。

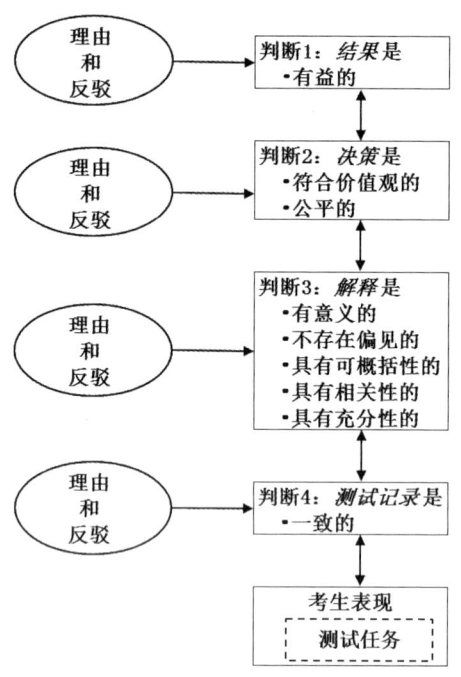

图 3.3 测试使用论证中的判断和理由（Bachman & Palmer，2010：104）

按照图尔敏（Toulmin，2003）的实用推理模型，根据考生表现能够推断出的结论应该是具体的分数或描述，而不是分数或描述的一致性。同样，根据分数或描述能够推断出的结论应该是考生具备哪些方面的能力，而不是对所测能力的解释是否具备"有意义""不存在偏见""具有可概括性"等质量属性；根据对所测能力的解释能够推断出的结论应该是可以做出什么样的决策，而不是所做决策是否考虑了社会价值观和相关法律要求，以及对所有利益相关者而言这些决策是否具有公平性。事实上，巴赫曼和帕尔默（Bachman & Palmer，2010）针对"测试记录"和"解释"做出质量属性判断应该是最终用于支撑所做决策是否合理的理由，而确保有关这些质量属性的判断能够成立，也正是测试任务开发中需要完成的重要工作。

3.1.2 凯恩（Kane）的基于论证的效度验证模型

巴赫曼和帕尔默（Bachman & Palmer，2010）构建的效度论证框架聚焦的是测试使用，主张在测试使用论证中对测试的预期使用进行明确说明，并通过评价测试使用论证的成立与否来对测试使用进行有效性论证（Kane，2013a：2）。他们的出发点与心理测量学家对于测试效度的认识是一致的。根据耶洛和波帕姆（Yalow & Popham，1983：10），心理测量学家认为，一项测试的效度取决于它的使用。正如克龙巴赫（Cronbach，1971）所说，测试效度论证不是对测试本身进行的论证，而是对根据考生分数所做出的推断或预测的准确性进行的论证（Yalow & Popham，1983：10-11）。这些推断或预测，即对分数做出的解释，涉及针对考生做出的有关判断，而分数使用则涉及与考生有关的决策（Kane，2013a：2）。凯恩（Kane，2013a：2）认为，对分数解释和使用应该给予同等关注，为此他将先前使用的"解释性论证"这一术语调整为"解释/使用论证"。

凯恩（Kane，2013a：1）指出，基于论证的效度验证模型的核心思想是对测试分数的预期解释和使用进行明确陈述，然后再去评价它们的可行性。因此，在任何时候，测试分数解释或使用的效度均可以借助这些解释和使用的合理性及恰当性来界定（Kane，2013a：2）。

前文提到，凯恩的效度验证模型包括两个部分：解释/使用论证以及效度论证。他认为，基于论证的效度验证反映了构念效度的一般原则，但又不需要正式的理论（formal theories），因为解释/使用论证可以起到正式理论所起到的作用（Kane，2013a：9）。而且，如果所测量的特质（attribute）是一个理论构念，那么构念界定所依据的理论便成为解释/使用论证的焦点。但是，在多数情况下，进行解释/使用论证时仅仅需要提出有关判断的基本原理

（rationale）（Kane，2013a：9）。判断解释或使用是否有效也就是判断解释/使用论证是否清楚、连贯和完整，其推理是否合情合理，以及所做的预设（assumptions）是否成立（Kane，2013a：10）。

解释/使用论证的目的是明确说明预期解释和使用中固有的推理，但是凯恩所做的相关描述"仅限于文字而从未构建模型图"（邓杰，2012：73）。关于这一点凯恩也许是有意为之，正如他（Kane，2013a：10）所提到的，他建议了一些在多数论证中均可能出现的推理（例如评分和概化），但同时又不想让人们认为解释/使用论证必须要遵循任何特定的模式。他还反复强调，自己讨论的一些推理仅仅是为了提供一些例子，它们不是论证时需要统一参照的模板，也不是相关推理的完整清单（checklist）（Kane，2013a：10-11）。由此可见，与测试使用论证相比，解释/使用论证给测试开发者留有更大的自主发挥的空间。

凯恩（Kane，2013a）论述的推理包括评分推理（scoring inference）、概化推理（generalization inference）、外推推理（extrapolation inference）和决策推理（decision inference）。这些推理同样依据图尔敏的实用推理模型，但与巴赫曼和帕尔默（Bachman & Palmer，2010）的做法不同，凯恩（Kane，2013a）的推理更为直接，也更具有逻辑性。例如，评分推理是根据观察到的考生表现推导出观察分，所得判断显然比巴赫曼和帕尔默（Bachman & Palmer，2010）关于测试记录具有一致性的判断更加符合推理逻辑。凯恩（Kane，2013a）明确指出，评分推理的理由是评分标准，支撑这一理由的根据包括专家对评分标准的判断以及评分程序中的质量控制。

虽然推理更加合理，但是凯恩将推理和推理的合理性论证截然分开的做法着实令人迷惑。根据他的论述，解释/使用论证是描述性的而不是评价性的，为的是清楚陈述基于分数所做的判断，因此其首要目的不是对预期解释和使用进行论证，而是对解释和使用进行说明（Kane，2013b：117）。这显然不符合图尔敏的推理机制，因为实用推理机制的原理就是根据恰当的理由和支撑理由的有效根据来做出相应的判断，这一推理的过程必然包含对理由和根据的评价。因此，凯恩先列出一个推理框架，然后再对推理的合理性进行验证的做法实在是出力不讨好。牛顿（Newton，2013）在与凯恩（Kane，2013a，2013b）同期发表的《两种论证》（"Two kinds of argument?"）一文中便对这两种论证的必要性和合理性提出了质疑。该文（Newton，2013：107）指出，"当一名评价者对一个效度论证进行全面评价时，他/她是在评价一种新的论证，还是从本质上讲，是在根据额外的实证证据和逻辑分析来评价解释/使用论证？"凯恩（Kane，2013b：118）在对上述质疑进行回应时承认，如果效度论证者有经验、思维缜密，同时解释和使用不过于复杂，在没有正式提出解释/使用论证的情况下，完全有可能设计出一个良好的效度论证。凯恩的上述回答显然动摇了解释/使用论证的"合法地位"，使其变得可有可无。对于解释/使用论证，西勒西（Sireci，2013）也提出了质疑，认为没有必要提出解释/使用论证，并提倡将基于论证的效度验证模型简化为以下三个步骤：明确表述测试目标，考虑潜在的测试误用，根据《教育与心理测量标准》（AERA，APA & NCME，1999）中列出的五个效度证据来源对测试目标和潜在的误用进行检验。应该说，这一简化后的模型使得效度验证更容易操作。

3.1.3 关于效度验证的思考

测试的使用是一项目的性很明确的行为，使用测试是为了收集考生相关信息，并根据这些信息做出相应的决策，而所做的决策必然会产生一定的结果，即预期的以及非预期的影响。根据前文论述，从考生的测试表现到测试使用后产生的结果之间存在一系列的推理，有关这些推理的判断能否成立主要取决于测试开发过程中能够提供多少有力的证据,而这些证据将对测试使用的合理与否产生直接或间接的影响。

根据《教育与心理测量标准》(AERA,APA & NCME,1999/2014),证据主要是为了对测试分数的解读和使用提供有效支撑,它主要来自五个方面:测试内容、作答过程、测试内部结构、与其他变量的关系以及测试使用结果。该标准(AERA,APA & NCME,2014:11)指出,在效度验证过程中,需要积累相关证据,以便为预期的分数解释奠定可靠的科学基础。根据这一观点,证据的积累应该贯穿在测试的开发和使用过程中,其目的是为了给与分数解释相关的判断提供支撑。这里有一个值得测试开发者思考的重要问题,那就是,效度验证和测试开发之间到底存在一种什么样的关系。

前文提到,巴赫曼和帕尔默(Bachman & Palmer,2010:430)认为,测试开发包括测试合理化论证和测试生产两个平行的过程。根据这一观点,效度验证属于测试开发的一部分,是与测试生产,即测试任务的开发,同步进行的一项重要工作。

关于这一点,凯恩(Kane,2013a)显然持有不同的看法。他(Kane,2013a:16-17)将测试开发和评价分成两个不同的阶段,其中开发阶段(the development stage)的工作重心是开发测试和解释/使用论证,该阶段的工作完成后才进入评价阶段(the appraisal stage),这时工作的重心将转向效度论证(validity argument)。当然,凯恩(Kane,2013a:17)也指出,效度论证需要的大量证据来自开发阶段。凯恩将测试开发和效度论证分成两个阶段的做法看似符合逻辑,却存在潜在的风险。如果效度论证中发现测试开发过程中存在重大问题,势必造成相关资源的浪费。对于这一质疑,也许有人会辩称,解释/使用论证可以起到指引测试开发的作用,这样便可以确保测试开发中不会出现大的问题。但是对于这一观点,凯恩显然持有怀疑态度。他(Kane,2013b:

117）明确做出如下论述：

> ... the fact that we can specify a plausible IUA does not provide much assurance that the inferences actually hold up for this test, in this context, for this population.
>
> 我们能够明确提出一个可行的解释/使用论证这一事实并不能在很大程度上确保这些推理对于该测试在该背景下对于该人群而言真正有效。

显然，凯恩是将效度验证的任务交给了评价阶段。

除了对何时进行效度验证的认识不同外，巴赫曼和帕尔默（Bachman & Palmer，2010）和凯恩（Kane，2013a）对于由谁来进行效度验证的认识也不尽相同。巴赫曼和帕尔默（Bachman & Palmer，2010）显然是将测试使用论证的任务交给了测试开发者，而凯恩（Kane，2013a：12）则明确指出，预设性论证（presumptive arguments）将提供证据的重担（burden of proof）转移到那些对相关判断进行挑战的人身上。凯恩（Kane，2013a：12）认为，一旦测试和解释/使用论证开发完毕，焦点将转向评价阶段，这时解释/使用论证将接受挑战，而挑战者最好是一名中立的或者持怀疑态度的评价者（a neutral or skeptical evaluator），而且他还进一步指出，如果按照通常的做法，由测试开发者进行效度论证，那么他们应当努力识别并检验持有怀疑态度的批评者（a skeptical critic）可能提出的挑战。按照凯恩的上述观点，谁质疑测试的效度就理应由谁来进行举证。本研究赞同这种将效度验证进行合理转移的观念，这样可以避免由测试开发者进行效度验证时可能造成的"老王卖瓜，自卖自夸"的局面。

总之，开发一项测试，目的就是为了有效地测量考生某方面的能力，进而为测试的使用提供合理的依据。测试开发者的任务应该是确保（assure）与测试分数解读和使用相关的判断能够成立，而不是先做出判断，然后再回过头来对它们进行验证。相反，对这些判断进行效度验证的任务应该交给那些对判断提出质疑的人士。

3.2 基于问题的职业资格测试开发模型

作为一种职业能力认证考试，中国英语教师专业能力测试对于考生和用人单位而言具有较高的风险。在这种情况下，如果测试开发程序不合理，不仅会直接影响对测试分数的解释以及依据分数做出的相关推理（Downing，2006；Kane，2006；Schmeiser & Welch，2006），而且最终有可能对相关学段的英语教学造成负面的影响。因此，开发这类考试应该依据科学、严格的程序。

根据前文论述，如果将测试开发和效度验证分阶段进行，则可能造成资源的浪费。如果问题严重，还有可能导致测试开发和效度验证无休止地往复循环。如果将测试开发和效度验证同时进行，则不仅会分散测试开发者的精力，而且会导致测试开发工作异常复杂，不易操作。因此，本研究主张，将效度验证理念融入测试开发中，通过合理规划任务开发的几个关键环节，来确保巴赫曼和帕尔默（Bachman & Palmer，2010）所列举的相关质量属性能够成立，以便为有关判断提供支撑。这样既可以确保分数解读和使用的合理性，而且还可以避免资源的浪费。

为此，本研究设计了基于问题的职业资格测试开发模型（见图3.4）。根据该模型，整个测试开发过程共有三个阶段，每个阶段围绕一个主要问题展开，对这些问题的回答均需要相应的研究作为支撑。下面结合高中英语教师写作书面反馈能力测试的开发，对该模型做进一步论述。

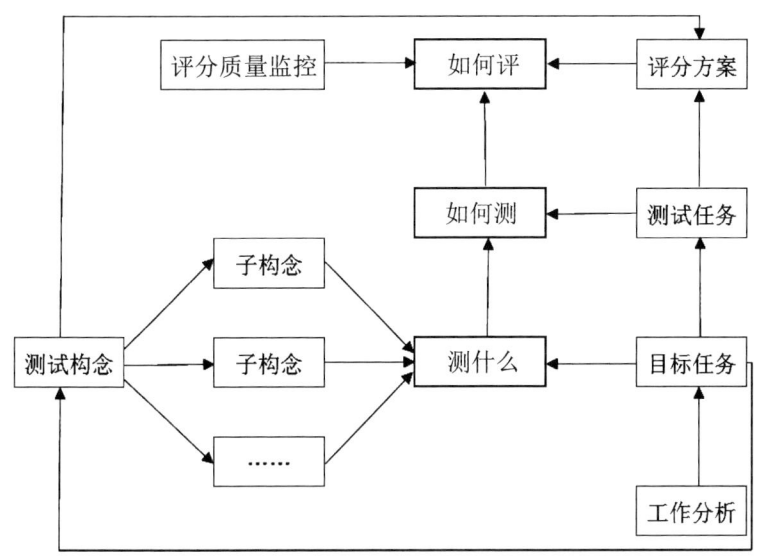

图 3.4　基于问题的职业资格测试开发模型

3.2.1 目标内容范围的界定

回答"测什么"这一问题,需要通过工作分析来界定测试的目标内容范围(content domain)。根据《教育与心理测量标准》第 11.2 条标准,基于测试内容的效度证据要求对相关内容范围进行全面和清楚的界定(AERA、APA & NCME,2014:178)。这样做的目的"主要是为了从中选取目标任务,以作为测试任务开发的基础"(韩宝成、张允,2015:434),进而确保测试与目标范围中重要的知识、技能或能力相关,并同时尽量减少不相关的因素(Fulcher,1999:227)。

此外,界定目标内容范围,有利于清楚认识目标任务特征。对行为测试而言,为确保测试任务的真实性,应努力使测试任务特征与目标任务特征尽可能地保持一致。在巴赫曼和帕尔默(Bachman & Palmer,2010:65)看来,影响测试行为的诸多因素中唯有测试任务特征可以由测试开发者直接控制,而且控制测试任务特征还是使测试有用性（usefulness）最大化的最行之有效的途径。因此，测试开发者在设计具体的测试任务前要清楚认识目标任务特征，只有这样，才能确保基于测试分数的解释可用于有效推断考生在目标范围中的表现行为，进而能够为决策者提供相关信息以便其做出公平的决定。

通常来说，在职业资格测试开发中，对工作内容范围（job content domain）进行描述，也就是描述有关工作中需要完成的目标任务，以及完成目标任务所需要的知识、技能、能力和其他特征（AERA、APA & NCME，2014：178）。因此，在开发写作书面反馈能力测试任务前，测试开发者需要对教师在纠错、写评语以及提供示范写作时需要完成的具体任务进行详细描述，这些任务即是测试的目标内容范围，是测试取样的依据。

3.2.2 测试任务的开发

回答"如何测"这一问题，主要是为了开发具体的测试任务。下面结合巴赫曼和帕尔默（Bachman & Palmer，2010）对测试任务的描述详细说明该阶段有待完成的具体工作。

首先，在开发具体的任务前，测试开发者需要结合测试构念的整体界定来合理安排测试任务的整体结构和布局。完成该项工作，需要回答下面一系列的问题：整个测试任务共分成几个模块？各模块主要测量哪些能力？这些模块之间以什么样的顺序呈现？每个模块所占比重是多少？每个模块包含多少个测试任务？这些任务是否按照一定的顺序呈现？每项任务用于测量何种能力？它们各自所占比重以及分配的作答时间是多少？每项任务以什么样的形式呈现（声觉还是视觉？语言还是非语言？母语还是外语？）？所选材料的难度如何？测试任务是直接取自目标内容范围还是在目标任务的基础上进行必要的加工？对考生作答有哪些要求(比如，口头作答还是书面作答？作答时采用母语还是外语？

是选择性作答还是产出性作答？对于产出性作答，是否设定作答长度？）？测试开发者通过回答这些问题可以对整个测试任务进行合理布局，以确保测试任务能够充分体现所要测量的构念。当然，需要指出的是，这里列举的仅仅是该阶段需要回答的主要问题，测试开发者可以根据具体情况自行设定其他问题。

开发测试任务的关键在于确保测试与其目标范围中界定的重要知识、技能或能力相关（Fulcher, 1999: 227）。因此，对于英语教师写作书面反馈能力测试任务开发而言，完成上述工作的关键在于如何确保提供有效的写作书面反馈所需要的关键能力能够在测试任务中得到充分的体现。

该阶段所做的工作有助于确保对于所测能力的解释具有可概括性（generalizability）、相关性和充分性（有关论述请参见Bachman & Palmer, 2010），也可以为凯恩（Kane, 2013a）的概化推理（generalization inference）和外推推理（extrapolation inference）提供推理依据。

3.2.3 评分方案的研制

回答"如何评"这一问题，关键在于设计评分方案[①]，以便对考生的测试表现进行科学评价，进而判断考生是否具备某方面的能力。该阶段所做的工作关系到测试记录的一致性（Bachman & Palmer, 2010）以及评分推理（Kane, 2013a）。

对于行为测试来说，评分是一个难以解决的棘手问题。在20世纪初期得到广泛应用的行为测试之所以后来被标准化测试取代，其中一个首要的原因就是难以提供准确、可靠的分数（Clauser, 2000: 310）。众所周知，对行为样本进行评分时需要依赖评分员的主观判断，因此，为了提高评分的可靠性或者说是

---

① 本研究所说的评分方案包括评分原则、评分细则和评分标准。

评分信度（reliability），需要开发合理的评分方案，以便通过严格控制评分员的评分行为来尽可能地降低评分误差。

设计评分方案，首先，要决定需要对考生作答的哪些方面进行判断。对于英语教师写作书面反馈能力测试而言，每个任务所测量的具体能力均是对该任务作答进行评分时需要关注的焦点。也就是说，任务测量了什么能力，评分时就要重点关注什么能力。因此，评分方案的设计要围绕每个任务所测量的具体能力进行。

其次，需要决定采用何种评分方法。客观题（如选择题和匹配题）的评分较为简单直接，而产出性作答的评分则较为复杂。对于某些试题类型，如填空和简答题，通常需要制定详细的评分细则，其中包括有哪些可接受的答案，以确保评分具有足够高的信度（Davies et al.，1999/2002：32）。拓展题（extended tasks，如短文写作和面试）的评分则更为复杂，需要事先决定采用何种评分方式（分项评分还是整体评分），并制定合理的评分量表（Davies et al.，1999/2002：32）。若选择整体评分，需要专家对考生行为进行观察，对其优点进行整体评价，这要求专家能够识别所测量的变量，对这些变量进行评价，并根据自己的专业判断能力来决定考生行为的充分性（Clauser，2000：313-314）。而采用分项评分时，则需要对判断过程中应涵盖的维度或变量进行明确说明，这有助于限定评分员的评分行为，以免他们在评分时关注那些与期望的分数解释无关的变量（Clauser，2000：314）。两种评分方式各有利弊。整体评分方便快捷，但缺点是难以对评分员的评分行为进行控制，因此也就不容易确定他们在评分时是否受到所测构念之外的其他因素的影响。相比之下，分项评分耗时耗力，但其优点是易于控制评分过程，同时也有利于给考生提供反馈信息。两者之间如何取舍还需要根据测试目的来定。

设计评分方案，最为常见的方法是采用专家小组讨论的形式，所选专家既可以是测试任务的开发人员，也可以是与任务开发无关的人员，而在多数情况下，前面一类人员的效率会更高（Clauser，2000：314-315）。不管选取哪一类人员，都要确保他们精通测试内容知识，这通常也是测试效度论证中需要考虑的一个关键因素（Clauser，2000：315）。为了方便对评分方案进行充分论证，本研究决定由测试开发小组负责评分方案的研制，同时借助试测评分进行完善。

该阶段工作的重点在于研究评分原则是否合理，评分细则是否具有可操作性，评分标准能否充分反映测试构念，评分标准等级划分是否合理，每个等级的描述语是否恰当，以及应该如何对评分员进行培训。回答这些问题，有助于确保评分方案的合理性以及评分的一致性。完成该阶段的工作，需要结合试测对评分方案的使用和评分的一致性进行实证研究。然后，还需要根据发现的问题对评分方案做出修正，并有针对性地设计评分员培训方案。

总之，围绕上述三个方面进行的研究可以最大化地确保测试内容的相关性、取样的充分性和评分的可靠性，进而为测试的内容效度提供支撑（Guion，1977）。根据霍根（Hogan，2007：74-77），内容效度有两个首要的应用目标，即教育成就测试和职业资格测试。《教育与心理测量标准》（AERA、APA & NCME，2014：178）也指出，对于职业资格测试而言，如果测试内容能够以很高的真实性对工作任务进行取样，或者根据专家判断，测试内容能够正确地模拟工作任务内容，或者测试能够对良好表现所需要的特定工作知识或技能进行取样，那么内容相关证据便能够被看作是效度验证所需要的主要证据形式。因此，在中国英语教师专业能力测试开发过程中，应着力提高测试内容的合理性。

内容效度处理的是测试内容和某种经过良好界定的知识或行为域之间的关系，也就是说，对于满足内容效度的测试而言，测试内容和目标内容之间必须存在良好的匹配（Hogan，2007：72）。然而，测试内容通常难以涵盖目标范围中所有可能内容的代表性样本，因此，内容效度依靠的是取样（Hogan，2007：72）。所以，在明确从事相应职业所需要的能力后，还需要对这些能力进行筛选，以判断哪些能力对于职业成功而言具有决定性的影响，而且可以通过直接或间接的方式进行测量（Kane，2004：153），这些能力即是职业资格测试所要测量的核心构念。而实现上述目的，通常需要进行工作或行为分析（Raymond & Neustel，2006：182）。工作分析的结果可以为样本的相关性和取样的充分性奠定基础，而对这两个方面进行合理评价，还需要借助专家判断（Messick，1995：745）。

此外，除了测试内容的相关性和取样的充分性外，还要确保评分的可靠性。盖恩（Guion，1977：7）指出，评分的可靠性（reliability）是支持内容效度的重要因素，其所指的可靠性与内在的统一性（internal consistency）和重测（retest）无关，而是指通过标准化程序来确保以同样的方式将刺激内容（stimulus content）展现给所有的考生，以及根据同样的标准来对作答内容（response content）进行评价。韦尔（Weir，2005：23）提倡用评分效度（scoring validity）作为上义词来涵盖评分可靠性的各个方面，并将评分效度定义为测试分数在多大程度上远离测量错误，以及在多大程度上能够成为对考生做出决定的依据。唐宁（Downing，2006：16-17）进一步指出，测试评分涉及许多效度相关的根本性问题，评分错误会削减效度证据，甚至可能致使测试结果无效。因此，围绕评分进行的研究也是测试开发中的一个关键环节。

3.3 本研究的整体设计

根据上述测试开发模型，在课题组充分论证的基础上，对本研究进行了整体设计，具体见图 3.5。根据研究设计，整个测试任务的开发包括三个阶段，分别回答一个研究问题。阶段一通过界定目标内容范围来为测试任务取样奠定基础，这时需要结合工作分析对目标任务进行描述。阶段二借助第一次试测、小组访谈（focus group interview）和测试专家判断等信息对样题进行修订和完善，以确保测试内容的相关性和取样的充分性。阶段三借助两次试评对评分方案进行修订，以确保评分的可靠性。总之，这三个阶段的研究将为测试的内容效度提供有效支撑。为了方便报告研究结果，阶段二和阶段三的实证研究设计将分别在第 4 章和第 5 章进行详细介绍。

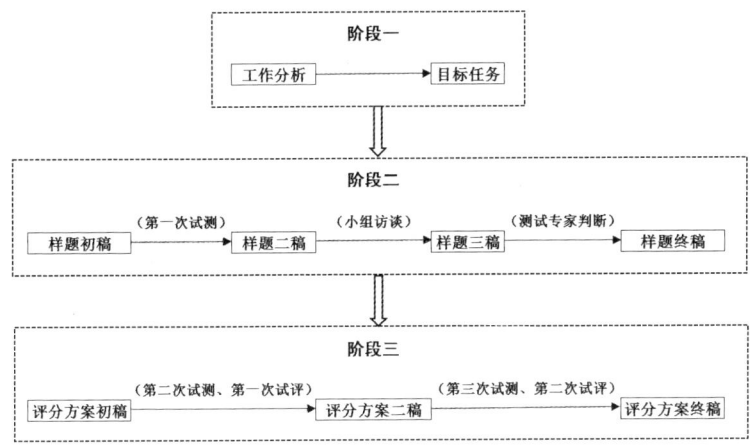

图 3.5　本研究的整体设计

3.4 本章小结

本章结合巴赫曼和帕尔默（Bachman & Palmer，2010）的测试使用论证和凯恩（Kane，2013a）的基于论证的效度验证模型对测试效度验证进行了思考，提出应将效度验证的工作进行合理转移，即谁质疑测试分数使用的合理性，就应该由谁来负责进行效度验证，并主张将效度验证理念全面融入测试开发过程中，通过合理规划测试开发过程中需要进行的关键研究来确保测试分数使用的合理性。

然后，在上述基础上提出了本研究所依据的理论框架，即基于问题的职业资格测试开发模型，该模型对测试开发过程中的几个关键环节进行了阐述。根据该模型，对本研究过程进行了整体规划，明确了每个阶段需要进行的具体研究。为详细介绍研究过程中采用的研究方法和取得的研究结果，第4章、第5章和第6章将分别针对一个研究阶段进行论述。

第 4 章　测试目标内容范围的界定

本章主要回答第一个研究问题，即如何界定测试的目标内容范围。根据研究的整体设计，本章将对高中英语教师在提供写作书面反馈时需要完成的主要工作即目标任务进行详细描述，然后结合这些任务将写作书面反馈能力细化为若干可以测量的构念，以便为测试任务取样奠定基础。

界定目标内容范围，需要明确二语教师提供写作书面反馈时应完成的关键任务，这时需要探讨二语教师在提供书面纠错反馈时需要做出哪些抉择，有哪些因素会影响书面评语的有效性，以及提供示范写作时有哪些注意事项，这些内容均是确保写作书面反馈有效性的关键。此外，还需要探讨我国高中生英语写作中存在哪些主要问题，能够有效处理这些问题应该是一名英语教师必备的专业技能，也是测试所要重点测量的内容。

4.1　二语教师提供写作书面反馈时应完成的关键任务

根据前文论述，教师写作书面反馈可分为纠错、写评语以及提供示范写作三个重要组成部分。下面将分别论述每个部分所涉及的关键任务，以加深对写作书面反馈能力的认识。

4.1.1 合理选择纠错方式

纠错是二语教师写作书面反馈的必要环节，与写评语相比，它对教师认知能力的要求稍低，这就是为什么不少教师在处理学生作文时仅进行纠错而不写评语的原因。然而，纠错自身也是一个复杂的认知活动，它要求教师首先能够准确识别学生作文中的错误，然后再去选择具体的纠错方式，这时要求教师在全面纠错（comprehensive error correction）还是选择性纠错（selective error correction）、直接纠错还是间接纠错、借助代码标出错误类型还是仅仅提示出错的位置等多种选择中做出恰当的判断。

4.1.1.1 全面纠错和选择性纠错

选择全面纠错还是选择性纠错是二语教师在纠错时需要首先考虑的一个问题，然而研究者和二语教师对于这两种纠错方式的认识却未达成一致意见。

许多赞成纠错的研究者提醒教师不要试图标出学生所犯的全部错误，因为这样做很可能会使自己精疲力竭，同时还给学生带来巨大压力（Ferris，2011：79）。维亚基纳（Vyatkina，2011）对美国22所高校的30名外语课程主管进行了调查，调查涉及9个外语语种，结果显示参与调查的课程主管们多建议采用选择性纠错。于是，便有人提出，最为有效的纠错方式也许是关注错误的类型（patterns of error），这样可以让教师和学生每次集中关注两三个主要的错误类型，而不是数十个不同的错误，同时还可以帮助学生发现自己最容易犯的错误类型，以便有针对性地去掌握相应的语法规则（Ferris，2011：79）。

但是，李洁冰（Lee，2004）对中国香港206名教师和320名学生进行的调查显示，在香港中学英语写作课堂教学中，教师和学生都更喜欢全面纠错反馈。王俊菊和吴静（Wang & Wu，2012）对55名中国内地英语教师和96名非英语专业本科生进行的调查也发现，教师对全面纠错和间接纠错使用的比例大体相当，而且学生更希望教师提供全面纠错。此外，也有其他研究者赞成全面纠错，其出发点是在现实世界中人们重视文本的准确性，因此学生需要学会对整个文本进行编辑，而不是仅仅处理筛选出的两三个错误类型（Ferris，2011：79-80）。

费里斯（Ferris，2011：80）认为，全面纠错和选择性纠错均有各自的优点，两者并非完全互相排斥，教师应该根据纠错的目的做出合理选择。她认为，在写作任务初始阶段，如果教师计划首先针对内容而不是语言形式进行反馈，那么就可以采用选择性纠错。而在写作任务后期，为了让学生对整个文本进行仔细校对和编辑，则可以采用全面纠错（Ferris，2011：80）。

显然，采用全面纠错还是选择性纠错与教师的教学策略和纠错目的直接相关。但是，不可否认的是，教师的纠错能力会对上述选择造成一定影响。比方说，如果某位教师的纠错能力较差，他可能无法胜任全面纠错的任务，在这种情况下，该教师会被动地采取选择性纠错，仅仅改正或标出自己有把握的错误，同时忽略自己难以断定或者不知道如何改正的错误。可见，只有当教师具备了足够高的纠错能力，他才可以在全面纠错和选择性纠错之间进行自由选择。

当然，对于测试开发者来说，如何在两者之间做出选择并不重要，重要的是教师在纠错时应该关注哪些具体内容。不管是采用全面纠错还是选择性纠错，教师都要事先对学生所犯的错误有一个全面的认识。这就要求教师自身要具备一定的二语语言能力和认知能力，以便能够准确识别学生错误，对错误进行分类并挖掘导致错误产生的原因。做到以上几点，既可以为具体的纠错行为奠定基础，也有利于教师更有针对性地开展语法和词汇教学。这样将纠错和针对性教学相结合，可以更为有效地提高学生二语语言表达的准确性。

为了能够对学生错误进行恰当处理，教师应该事先了解二语写作中经常出现的错误以及这些错误大体可归为哪些类型。对于这些错误类型，费里斯（Ferris，2011：83）在论述选择性纠错的原则时有所提及（见表4.1）。应该说，这些错误类型同样适用于全面纠错。

费里斯（Ferris，2011：82）指出，虽然学习者的母语、二语能力水平和其他学习者特征会对错误类型产生明显的影响，但是对以英语为二语的写作者而言，表4.1中列出的错误类型具有相当大的代表性。这些错误类型是按照出现的频率进行排列的，当然，这种排列顺序是否适用于我国英语学习者仍有待研究证实。但是，不管怎样，在进行选择性纠错时，教师都要在这些错误类型中做出选择，并根据每个学生的具体情况来判断哪类错误需要优先解决。而对于全面纠错，如果能够按照表4.1中的做法，对出现的错误进行归类，则可以更好地给后续的教学和学习提供参考。

表4.1　二语学生错误类型（按出现频率排序）（Ferris，2011：83）

1	句子结构（Sentence structure）
2	选词（Word choice）
3	动词时态（Verb tense）
4	名词结尾（单数/复数）［（Noun endings（singular/plural）］
5	动词形式（Verb form）
6	标点（Punctuation）
7	冠词/限定词（Articles/determiners）
8	词形（Word form）
9	拼写（Spelling）
10	流水句（Run-ons）
11	代词（Pronouns）
12	主谓一致（Subject-verb agreement）
13	片断句（Fragments）
14	惯用语（Idiom）
15	非正式用语（Informal）

4.1.1.2 直接纠错和间接纠错

前文提到,直接纠错和间接纠错是教师纠错时需要做出的最为重要的决策之一。费里斯(Ferris, 2011:94)指出,与直接纠错相比,间接纠错会迫使学生对错误进行更多的反思和分析,因此,通过这样一个改正过程,学生更有可能习得一些棘手的语言结构,并在发现和改正错误以及最终避免出错方面取得长久的进步。关于这一点,费里斯(Ferris, 2006)已在一项历时研究中进行了证实,该研究发现,间接纠错在提高学生写作的准确性方面更具长时效应。

但这并不表明直接纠错毫无用武之地,例如,伯克和皮耶特里克(Burke & Pieterick, 2010:77)便指出,学生经常反映在他们不知道如何改正的情况下,仅仅提示存在语法错误的做法对他们起不到促进作用。袁丹(2016:14)围绕高中二年级学生进行的教学实验研究发现,"对于低水平学习者来说,'直接纠错+师生交流'更能显著提高其写作准确性,这也是帮助他们理解和改正错误的最简易的方式"。

费里斯(Ferris, 2011:95)指出,至少在以下三种情况下选用直接纠错更为明智:

(1)学生的英语语言能力处于初始水平;
(2)学生"难以处理的"("untreatable")错误;
(3)教师希望让学生集中关注某些特定的错误类型。

根据费里斯(Ferris, 2011:86-87),对于低水平的学生来说,仅仅指出出错的地方并让学生自己思考正确的语言形式的做法或许起不到有效的促学作用,相反,直接纠错或许更为有效,因为教师在提供正确的表达形式时不仅给学生提供了习得语言所需要的输入,而且提供了在一些二语习得研究者看来预防语言石化(fossilization)所必需的"负面语据"("negative evidence"),以及练习编辑和改正作文的机会。

除了语言能力水平外，另一个影响因素是错误的性质。费里斯（Ferris，1999：6）发现，二语学习者所犯的错误有两类，一类是学生自己"可以处理的"（"treatable"）的错误，另一类是学生自己"难以处理的"错误，后者占据的比例将近50%。"可以处理的"错误涉及动词时态或形式、主谓一致、流水句和逗号拼接句（run-ons and comma splices）、片断句、名词结尾、冠词、代词和拼写等方面（Ferris，1999：6；Ferris，2006：96）；"难以处理的"错误则关系到多种用词错误和句子结构问题，例如选词不当、漏词、多余词、词序问题、有问题的惯用语、词形错误以及笨拙或不地道的句子结构（Ferris，1999：6；Ferris，2006：96；Ferris，2011：96）。费里斯（Ferris，1999：6）指出，由于缺乏相应的手册或成套规则供学生参考以帮助他们避免或解决这些"难以处理的"错误，因此，对于这类错误，间接纠错显然起不到有效的作用。在这种情况下，教师不应该仅仅将单词或句子用下画线标注并用wc（word choice：词汇选择）和ss（sentence structure：句式结构）进行标记，更有帮助的做法应该是提供另外一个单词或者对句子进行重新表述（Ferris，2011：96）。

影响纠错方式选择的另一个因素与教师的教学策略相关。由于不同类型的错误的严重程度不同，教师有时会希望学生集中关注一些较为严重的错误，处理这些错误时他们会采用间接纠错的方式，目的是为了让学生通过查阅词典、学习相关语法规则等途径来自行改正（Ferris，2011：96）。在这种情况下，教师往往会直接纠正其他类型的错误，这样可以避免分散学生精力（Ferris，2011：96）。

根据上述分析，虽然间接纠错更具长时效应，但是一味地选择间接纠错的做法并不可取。因此，费里斯提倡将直接纠错和间接纠错相结合（Ferris，2011：95），并主张根据不同类型的语言形式错误和句子结构问题来选择恰当的纠错方式（Ferris，1999：

6)。

不管是全面纠错还是选择性纠错,教师均应该熟悉二语写作中常见的错误类型,并根据错误的性质、学生二语水平和教学需要进一步在直接纠错和间接纠错之间做出恰当的选择。根据上面的论述,有些错误学生能够自行处理,有些则不能,按照这种划分,针对不同错误类型应采取的具体纠错方式如表 4.2 所示。当然,需要注意的是,表 4.2 中对纠错方法的划分并不是一成不变的,会受到学习者二语水平和具体教学策略的影响。例如,有关"主谓一致"方面的错误,在一般情况下教师宜采用间接纠错的方式,然而,当教师希望学生将更多的精力用于修改其他类型的错误时,则可以将主谓不一致的地方进行直接改正。因此,不管哪类错误,二语写作教师均应该同时具备直接纠正和间接纠正的能力,唯有此,才能根据具体需要在两者之间进行灵活选择。

表 4.2　错误类型及其纠错方法（参考 Ferris，1999/2006/2011）

纠错方法	直接纠错	间接纠错
错误类型	选词不当、漏词、多余词、词序问题、有问题的惯用语、词形错误,以及笨拙或不地道的句子结构	动词时态或形式、主谓一致、流水句和逗号拼接句、片断句、名词结尾、冠词、代词和拼写

弄清楚如何在直接纠错和间接纠错之间进行选择后,接下来需要考虑的一个问题便是具体的纠错策略。

直接纠错时,对于相对简单的错误,可采用文中批注的方式（如图 4.1 第 1 条所示）,当修改的内容较为复杂时则可以采用边注或尾注形式,即在原文本一侧或后面的空白处提供正确的表达方式。相比,间接纠错可采取的策略更多（如图 4.1 第 2—6 条所示）,可用下画线标出出错的位置（第 2 条）,亦可同时借助错误代码（第 3 条,这里 VT 代表 verb tense）或者用语言提示错误类型（第 5 条）,可用特殊符号标出应添加成分的地方,亦可采用尾注的方式来对错误进行评价。当然,这里讨论的仅是一些常用的纠错策略,教师也可以根据实际情况采用其他形式。但是,需要明确的是,不管采用何种策略,教师均需要事先和学生沟通,以便学生能够理解教师的各种标记,尤其是各种代码和符号的意义。

总之,纠错能力受到教师二语语言能力的限制,在具体纠错中教师需要理解学生意图,辨识学生意图和其所用语言之间的差距,找到问题所在,然后,通过运用元语言知识对存在的问题进行解释等间接方式提示学生错误的存在,或者直接提供正确的表达方式。

Original Text Portion: *I never needed to worry about my parents because they knew everything and could go anywhere they* **want**.

Correction Options:

1. **Direct Correction:** *…could go anywhere they* ~~want~~ wanted.

2. **Error Location:** *… could go anywhere they* <u>want</u>.

3. **Error Code:** *…could go anywhere they* <u>want</u>. VT

4. **Error Symbol:** *…could go anywhere they want* ＿^＿

5. **Verbal Cue:** *…could go anywhere they* <u>want</u>. tense

6. **Sample End Comment:** *As you revise, be sure to check your verbs to see if they need to be in past or present tense. I have underlined some examples of verb tense errors throughout your paper so that you can see what I mean.*

图 4.1 纠错时可采用的不同策略（取自 Ferris, 2011: 103）

4.1.2 恰当撰写评语

虽然与句子层面的纠错相比,评语更能促进学生写作能力的发展（Biber et al., 2011: 50）,但是如何写出高质量的评语对于职前教师以及在职教师而言均具有一定的挑战性（Goldstein，2005：125；Ferris & Hedgcock，2014：238）。正如帕尔和廷珀利（Parr & Timperley，2010：69）所说，虽然书面反馈在写作教学中具有重要的地位，但是相关研究（Hyland，2000；Muncie，2000）表明，教师对学生草稿所给予的评价通常起不到有效的作用。他们认为，反馈的性质似乎对反馈产生的效果有一定的影响，例如对学生个人水平的评价会对学习产生阻碍，而围绕写作结果的反馈（如分数）则通常无法提供促进学习所需要的充足信息（Parr & Timperley，2010：69），这两个方面均与反馈的内容相关。

为了确保评语的有效性，教师需要对评语所应关注的焦点以及撰写评语时应该遵循的原则有一个清楚的认识。因此，本节将从评语的内容、评价方式和评价用语等角度对影响评语有效性的因素进行探讨，以便充分认识"写评语"这一目标任务。

4.1.2.1 评语内容

评语所涵盖的内容是影响评语有效性的关键因素。评语可以涉及学生作文的内容、组织结构、语言、风格等多个方面（Hyland，2004；Ferris，2014），也可以按照戈尔茨坦（Goldstein，2005）的说法集中关注作文的内容和修辞特征。无论采用何种表述，评语的功能都是一致的，即结合写作目的对学生作文的交际效果进行评价，指出存在的具体问题并提出相应的修改建议。

戈尔茨坦（Goldstein，2005：69-74）认为，既然写作的目的是为了和读者交流，那么教师一开始就应该指出学生表意不清楚的地方，这些问题既可能是句子层面的，也可能是语篇层面的，需要学生在后续的修改过程中阐述清楚。表意不清的现象在我国学生英语作文中较为常见，有时句子前后或不同句子之间缺少逻辑关系，有时篇章内容主次不清、重点不明，导致读者很难把握作者意图。造成这些现象的原因一方面可能是作者的英语语言能力有限，难以准确表达个人意义，另一方面则可能是作者思路不清，想到哪写到哪，内容表达的随意性较强。例如，某高二学生在一篇作文写道："Someone also rowed a boat on the river and the man who was on the boat was reading a newspaper and enjoying the sunsight."这句话存在多处错误，其中较为突出的问题便是表意不清。在这篇作文中，作者对事发场景进行了描述，当时人们在做不同的事情，其中"也有人在划船"。但是，他用英语传达出来的意思却成了"有人也在划船"，而后者暗含的意思是"除了'我们'外，还有其他人也在划船"，这显然与作者原意有出入。另外，船上是有两个人，一个人正在划船，另一个人正在读报纸，还是只有一个人，这个人先划了船，然后在船上读报纸？这两种情况似乎都有可能。对于类似这些表述不清楚的地方，教师在给学生提供反馈时需要给予充分的关注，因为表意不清楚会妨碍读者理解，进而影响交际目的的实现，而是否实现了预期的交际目的是判断一篇写作成功与否的关键。

根据美国国家教育进展评估（NAEP）写作评估框架，在学校和工作场合，有三种常见的写作目的，即说服（to persuade）、解释（to explain）和传递真实或虚构的经历（to convey experience, real or imagined）（National Assessment Governing Board，2010：vi）。不难看出，这三种写作目的实际上指的是所写文本的交际功能，它们具有高度的概括性。在设计具体的写作任务时，需要将上述目的进行细化，使其具备可操作性。然而，不管出于哪种目的，写作时均需要了解读者期待，以及所写作品是否能够得到预期的解读（Goldstein，2005：5）。在对学生作文进行评价时，作为学生的读者之一，二语写作教师不仅要帮助学生认清其写作意图和读者解读之间存在的偏差，而且要解释出现偏差的原因，并提供相应的补救策略（Goldstein，2005：5）。也就是说，教师评语的一个重要功能就是向学生反馈其作文在多大程度上实现了预期的交际目的，以及尚存在哪些有待加强的地方。戈尔茨坦

（Goldstein，2005：77）认为，关于评语的内容，虽然并不存在一成不变的规则，但是教师在提供反馈时均需要确定学生作文中到底哪些地方出现了问题，才导致没有实现既定的写作目的。比如，作文中可能出现了与写作目的相悖或不相关的信息；论述可能缺乏充分的支持，结果导致观点不具备说服力；内容安排可能缺乏条理性，结果导致论述的观点不够明确（Goldstein，2005：77-82）。如果存在这些问题，教师一定要在评语中进行明确说明。

围绕写作目的进行的评价是教师对学生写作过程进行有效干预的手段。但是需要警惕的是，不要将这种有效干预变成对学生写作的操控（appropriation）。根据萨默斯（Sommers，1982：149），如果评语将学生的注意力从自己的写作目的转向评语中体现出来的教师的目的，那么教师便会对学生的写作形成操控，使得随后的修改是按照教师的意图，而不是根据学生的表意需要。为了避免这种情况，戈尔茨坦（Goldstein，2005：26-27）提出从以下三个方面对有效的干预和操控进行区分：

（1）无视学生写作目的，并有意或无意间改变这一目的的评语属于操控；告诉学生哪些地方没有实现个人写作目的的评语属于有益的干预。

（2）要求学生转变立场或观点的评语属于操控；建议学生阅读一种不同的观点，或者采访持有不同观点的人以增进理解的评语属于有益的干预。

（3）在没有询问学生要表达的意思的情况下，对句子或片段进行的"改正"有可能会改变原有的意思，这类评语属于操控；询问学生想要表达的意思，然后帮助他们找到合适的语言表达的评语属于有益的干预。

由此可见，教师在写评语时，一定要避免改变学生原有的写作意图。评语是为了帮助学生更好地实现个人的写作目的，而不是教师自己的意愿，因此，准确识别或了解学生的写作目的是确保评语有效性的关键。

除了上述几个方面,教师在写评语时还需要考虑评价的焦点是作文的内容还是语言形式,或者两者兼顾。前文提到,同时聚焦内容和语言形式有助于提高学生作文的整体质量(Biber et al.,2011:51),但这并不表明内容和语言形式在评语中应该占有相同的比重。对语言错误的具体纠正主要是在纠错反馈环节完成,因此,语言形式并不是评语应关注的重点。当然,教师也可以在评语中进一步提醒学生关注其作文中的语言错误,或者对其作文中较为严重的错误类型进行总结,以便指引学生学习相关的语法或词汇知识。在兼顾语言形式的同时,评语应该重点围绕作文的内容及内容的呈现方式(即作文的组织结构)展开,尤其是对于前一两稿,教师应该将更多的精力用于帮助学生理清所要表达的意义。

此外,教师还需要确保评语要针对具体的文本(text-specific)而不仅仅是概括性的(generic)。虽然概括和具体之间并不能截然分开,但是,一般认为针对具体文本的评语仅适用于所评价的具体问题,这类评语可以准确地说明读者在阅读时遇到的困难以及出现困难的具体位置(Goldstein,2005:92)。例如,图4.2中前两条建议便是针对文本中的具体问题提出的,这些建议对于后续的修改具有明确的指导意义。当然,概括性的评语也并非要一味地避免,图4.2中的第3条评语"There are a lot of language errors, too."显然也可以用于评价其他学生的作文,其本身不具备多大的指导意义,但是,考虑到该教师已经在文中对具体语言错误进行了标注,在评语中指出具体的错误显然属于多余,这时利用概括性的评语做进一步强调反倒更为适宜。但是,类似"Good, but could be better developed."这样的一句话评语显然不值得提倡,一方面,该句评语没有提供有关所评作文的任何具体信息;另一方面,也没有给学生提供任何修改建议(Goldstein,2005:95)。

这种过于模糊的评语对学生来说起不到帮助作用（Burke & Pieterick，2010：77）。因此，在针对作文内容进行评价时，教师要确保评语有具体的指向性，避免使用过于宽泛的评价。同时，针对具体问题提供相应的修改建议。也就是说，既要告诉学生哪里出了问题，也要告诉他们如何去纠正，这才是学生希望得到的评价（Burke & Pieterick，2010：78）。

> Julia,
> You did a nice job with this essay. I liked your examples about listening to music and observing nature. You did a great job of discussing Sarton's essay, too.
> A couple of suggestions for your next draft:
> 1. The paragraph about "sightseeing" is shorter than the other body paragraphs. You might try developing it more fully by including summary and quotation from Sarton's essay that might support or frame your personal experience.
> 2. The paragraph about "College" needs to be more closely connected with the rest of the essay, maybe by specifically mentioning Sarton's essay, and how Yezierska's experience shows "The Rewards of Living a Solitary Life."
> 3. There are a lot of language errors, too. I've highlighted them for you. Be sure to edit carefully!
> Good work! I'll look forward to seeing your next draft!
> Best wishes,
> Dr. Ferris

图 4.2　总结性尾注样本（Ferris & Hedgcock，2004：198）

前文提到，教师在反馈时除了要指出存在的问题外，还需要对学生作文进行正面评价，即表扬作文中存在的优点，这样做的目的是为了鼓励学生克服写作恐惧，并提高他们写作的积极性（Burke & Pieterick，2010：49）。另外，表扬还能够让学生清楚其文稿中存在哪些有效的地方，以促使他们在将来的写作中继续使用类似的修辞策略（Goldstein，2005：83）。当然，为了实现上述目的，教师均应确保表扬要能够名副其实。例如，对于一篇需要做大的修改的文章提出表扬显然并不恰当（Ferris & Hedgcock，2014：247）。

总之，评语的主要功能是给学生提供诊断信息，为作文修改提供指导。因此，评语要以指出问题为主，同时兼顾对作文优点的表扬，要主要围绕内容和组织结构展开，适时兼顾语言形式。而对内容和组织结构的评价需要紧密围绕写作目的，从要点是否明确、表意是否清楚、阐述或描写是否充分、体裁是否规范、结构是否合理等方面对学生作文进行全面评价。为了减少评价的盲目性和随机性，教师在写评语时可参考相应的评分标准，尤其是分项式评分标准。

4.1.2.2 评价方式

除了评语的内容外，影响评语有效性的另外一个因素是教师所采取的评价方式。教师在写评语时可采用边注和尾注两种方式，戈尔茨坦（Goldstein，2005：90）发现，没有研究对两者的有效性进行过比较，但是，她认为，边注的优点是更容易将评语和所评价的内容联系起来，也就是费里斯和赫奇科克（Ferris & Hedgcock，2014：246）所说的即时效应（immediacy）。相比之下，尾注的优点是不受空间的限制，更利于教师总结对整个文本的反应（Ferris & Hedgcock，2014：246）。因此，戈尔茨坦（Goldstein，2005）和费里斯和赫奇科克（Ferris & Hedgcock，2014）均提倡在实际评价过程中将两种方式结合起来使用。例如，费里斯和赫奇科克（Ferris & Hedgcock，2014：246）建议，教师首先在仔细通读学生作文后选取几个反馈点，然后构建总结性尾注，之后再回过头来以边注的形式进行评价，以便突出尾注中提到的要点，并提倡在时间短的情况下优先选用尾注，因为尾注能够提供关于文本的全面评价，同时也更方便阅读。

在具体操作中，边注较为灵活，然而尾注却通常遵循一定的模式。根据费里斯和赫奇科克（Ferris & Hedgcock，2005：198-199；

2014: 246-247),很多教师在写尾注时喜欢采用"三明治"的方式（如图4.2所示），即在开头和结尾提供鼓励性的话语（即"面包"），同时在中间提供两到四个批评性反馈点或建议（即"馅"）。当然，许多教师也喜欢采用边注的形式，这样做的好处是有利于和作者交流，以便告诉他们自己对他们的作文很感兴趣，阅读得也很投入（Ferris & Hedgcock，2005：199；Ferris & Hedgcock，2014：247）。

4.1.2.3 评价用语

除了上面两个因素外，教师在写评语时所使用的语言也会对评语的有效性造成一定的影响。帕尔和廷珀利（Parr & Timperley，2010：60-70）指出，教师所提供的书面反馈应该便于学生解读，否则起不到应有的效果。伯克和皮耶特里克（Burke & Pieterick，2010）从可及性（accessibility）角度对教师的评价用语进行了论述，并指出为了让学生能够理解评语以及评语暗含的意思，教师在进行评价时要使用学生熟悉的术语和表达（Burke & Pieterick，2010：76）。因此，评语中应避免使用过于专业的词语，例如，学生可能对"Your paper lacks cohesion and coherence."中"cohesion"和"coherence"缺乏了解（Goldstein，2005：98）。如果确实需要使用这类术语，教师须事先对它们进行介绍。

此外，如果句式使用不当，也可能会导致学生误解教师的真实意图。例如，费里斯和赫奇科克（Ferris & Hedgcock，2014：248）指出，一语和二语写作教师在接受培训时经常被告之，应该使用问句而不是祈使句或陈述句来对学生作文进行回应，然而二语学生与一语学生不同，他们有可能会对类似"Can you give an example here?"的问句进行误读，误以为这是一个真正的问句，而不是具体的修改建议，因此，若使用问句，最好同时借助陈述句明确提出修改建议。再者，评语中还应该避免使用仅仅间接表示修改需要的陈述句（如"You never explain how/why"）以及缓和教师意图的话语（如"You might think about adding some details..."），相比之下，直接表达修改需要的话语更值得提倡（如"In order to convince your reader that this happens, you need to describe..."）（Goldstein，2005：96-97）。

除了上面几点，类似"vague""awkward"和"unclear"等缺乏具体细节的边注评语通常难以起到有益的作用，也应该杜绝使用（Ferris & Hedgcock，2014：249）。还有，评语的目标读者应该是学生，否则也会对学生理解评语信息带来困难（Burke & Pieterick，2010：76）。总之，书面评语的语言特征对于学生是否能够有效加工教师反馈而言至关重要（Ferris & Hedgcock，2014：249）。

上面从评语的内容、评价方式和评价用语等三个角度对影响评语有效性的因素进行了探讨。论述表明，撰写评语是一项较为复杂的教学活动。为确保新任教师能够顺利完成这一任务，应在职前教师教育中提供针对性练习。

帕尔和廷珀利（Parr & Timperley，2010：69）对相关研究进行梳理后指出，教师通常过多地关注学生作文的表面特征，而在对更深层次的修辞特征进行反馈时往往表现得无能为力。费里斯和赫奇科克（Ferris & Hedgcock，2005：193）也发现，前来参加课程学习的职前教师和新任教师经常表示他们惧怕给学生作文提供反馈，其中两个极端的情况是要么不知道如何批判性地分析学生作文，要么面对众多严重的写作问题难以决定从何入手。为了解决这些问题，费里斯和赫奇科克（Ferris & Hedgcock，2005：193）给出了九条建议，具体如表4.3所示。这九条建议是教师撰写评语时可以遵循的具体步骤，同时也明确了评语的主要内容以及撰写评语时应该遵循的原则。

表 4.3　教师点评建议（Ferris & Hedgcock，2005：193）

1. 明确反馈原则和策略，并告之学生。
2. 点评前要通读整篇作文。
3. 借助评分标准、有关清单、具体写作任务和前期课堂教学来确定可能的反馈点。
4. 针对某一学生和写作任务，选择两到四个需要优先考虑的反馈点。
5. 在作文后面简要总结，并强调作文的优缺点。
6. 在页边添加评语，以进一步阐释总结中提到的具体要点。
7. 检查评语以确保清晰有效；避免使用专业术语和问句。
8. 课上给学生针对反馈提问的机会。
9. 要求学生在修改稿封皮上解释自己是如何看待和处理所收到的评语的，或者为何选择忽略评语内容。

4.1.3　适时提供示范写作

我国新版高中英语课标明确指出，"课内的听、说、读、看、写等教学活动重在培养兴趣、指点方法、提供示范、训练思维"。因此，除了纠错和写评语外，英语教师在提供写作书面反馈时还应扮演另外一个重要的角色，即给学生提供英语写作示范。

虽然在二语写作教学研究中教师的写作示范作用未能得到应有的重视，但是其重要性不言自明。正如顾江禾（2005：68）所说，"我国学生学习外语先天不足，没有良好的语言环境。外语教师作为学生直接学习和模仿的对象，其语言运用能力就显得尤为重要。因为学生不仅关心教师'说什么'，还关心教师'怎么说'。"周燕、张洁（2013：97）更是明确强调了外语教师的示范作用，认为"在外语学习环境中，教师在课堂上使用的目的语是学生语言输入的一个重要来源……（教师）标准、规范、优美的语言示范对学习者来说是得天独厚的帮助和福音"。

因此，对于英语写作教学而言，教师的示范作用尤为重要。一方面，我国高中生的英语语言运用能力普遍偏弱，不少学生难以用规范的英语表达个人的思想，在这种情况下，如果教师能够根据学生表意需要提供恰当的英语表达方式，则不仅可以给学生提供高质量的语言输入，而且有利于学生通过比对来充分认识个人表达中存在的突出问题，以便他们能够在今后的学习中做到有针对性的突破。另一方面，我国高中生尚处于英语写作学习的初期阶段，对于英语作文写作规范和体裁要求的理解尚有待提高，这时教师如果能够及时提供范例则会有助于学生树立直观的认识，使他们尽快地掌握英语写作技巧。

毋庸置疑，我国高中生学习英语写作的一个重要目的是为了应付高考。因此，为了尽快提高写作能力，或者更为直白地说，为了尽快提高作文分数，不少学生将背诵范文视为制胜的法宝。然而，他们从市面上获取的英语范文与自己的表意需要脱钩，因此，机械背诵这些作文长此以往会严重束缚学生思维能力的发展，同时也会影响他们写作学习的积极性。而教师提供的写作范例则不同，它们紧密围绕学生个人的写作需求，目的是为了有效地帮助学生传达个人意愿。

当然，面对繁重的写作教学任务，教师不可能给每个学生提供一个完整的写作范例。但是，在当今盛行的基于过程的英语写作教学中，教师可以根据每个学生写作中存在的突出问题，选取其中的一个要点适时提供简短的写作示范。这种示范可能只有一两句话，也可能是根据学生作文的一部分进行的一段改写。不管采用哪种方式，这些示范都可以向学生展示解决其写作问题的有效途径。此外，教师在提供示范写作的基础上，还要与学生进行及时沟通，促使他们思考，帮助他们学会如何解决类似的问题，以取得举一反三的效果。因此，和我们通常说的范文不同，教师示范写作的作用重在点拨，而不是为了让学生进行机械的背诵和模仿。例如，针对学生作文中的某一论点，教师可以根据学生意图撰写支持这一论点的理由，这种做法可以清楚地告诉学生如何支撑个人观点，其作用远远超过任何理论意义上的讲解。

如果时间和精力不允许顾及每位同学，教师也可以选取若干有代表性的问题，在课堂教学中分阶段集中提供写作示范，这同样可以起到有效的点拨作用。需要明确的是，这种示范与直接纠错中提供正确的语言表达方式不同，它不仅要求教师具备深厚的语言功底，而且要求他们掌握良好的写作技巧。应该说，纠错重在语言表达的准确性，而示范写作的关键在于教给学生如何用英语进行有效的交际。

4.2 我国高中生英语写作中存在的主要问题

本节将重点梳理我国高中生英语作文中常见的错误或问题，以便进一步聚焦目标任务，所依据的信息来自《中国学习者英语语料库》以及高中一线英语教师发表的相关论文。

《中国学习者英语语料库》分 5 个阶段收录中国英语学习者的语料，其中第一个阶段为中学阶段，收录的主要是高中生的英语作文（桂诗春、杨惠中，2003：3），该阶段未经处理的原始数据为 251353 词次（桂诗春、杨惠中，2003：45）。桂诗春、杨惠中（2003：44-45）对中国学习者英语失误进行了统计分析，分析将言语失误分为 11 个大的类别，每个类别又进一步细化为若干子类别，共计 61 个。根据他们提供的言语失误汇总表，进一步对这 11 类失误进行统计，发现各类别失误出现的频次如表 4.4 所示。

下面结合表 4.4 以及桂诗春、杨惠中（2003）关于言语失误的论述，对出现频次较高的四类错误做进一步说明。

根据表 4.4 和中国学习者英语言语失误汇总表（桂诗春、杨惠中，2003：44-45），在我国高中生英语作文中，出错率最高的是词形错误，其中拼写错误出错频次最高，因此拼写是"英语教学应该注意克服的重点"(桂诗春、杨惠中，2003：44)，其次是大小写，但是该类错误与其他两类相比更容易矫正。

排在第二位的是句法错误，在这些错误中，出现频次最高的依次为结构缺陷、标点、不完全句（也称片段句）和不断句（也称流水句）。桂诗春、杨惠中（2003：57-58）指出，"根据聚类分析，结构缺陷和标点符号有密切关系，而不断句和不完全句又有较密切的关系。其他句法失误则聚合成一小类，和不断句与不完全句组有联系。"因此，"不断句是中国学习者句法中常出现的失误"，所以"对我国英语教学而言，学习者应该注意写完整的句子，注意用标点符号分句，避免使用由一连串逗号组成的不断句"(桂诗春、杨惠中，2003：58)。

排列在第三位的是词汇错误，根据聚类分析，替换"和词类的关系密切，而词类又和缺少、冗余、歧义有关"，因此"对英语教学的启发是，教会学习者正确用词，而且注意词类"(桂诗春、杨惠中，2003：57)。

排在第四位的错误是动词错误，桂诗春、杨惠中（2003：55-56）认为，"动词短语是中国学习者学习英语的一个难点"，他们在进行聚类分析后又进一步明确，"时态、一致性和及物性是中国学习者动词中需要掌握的重点"。

在11大类错误中，以上四大类错误的比例高达85.4%，因此，在培养和考查高中英语教师的纠错能力时，对这些错误应该给予充分的关注。对于其他类型的错误本书不再赘述，仅以表格的形式列出各自出现的频次（见表4.4）。

表 4.4 高中生英语失误统计分析（数据源自桂诗春、杨惠中，2003：44-45）

失误类型		出错频次	总计	失误类型		出错频次	总计
词形	拼写	2424	4716	名词	格	84	
	大小写	1853			可数性	74	
	构词	439			型式[17]	59	
句法	结构缺陷	1392	3752		数量词	44	
	标点	1083			固定词组	31	
	不完全句	535			其他限定词	8	
	不断句	527		搭配	动词/名词	213	489
	并列	106			名词/名词	95	
	主从关系	62			形容词/名词	84	
	不合逻辑的比较	22			名词/动词	44	
	悬垂修饰语	13			动词/副词	31	
	主题突出	12			副词/形容词	22	
词汇	替换	1385	3467	代词	指称	103	329
	缺少	737			格	94	
	冗余	517			一致性	66	
	词类	410			wh-代词	33	
	歧义	329			先行词 it	21	
	词序	55			不定代词	12	
	重复	34		介词	型式	171	215
动词	时态	1465	3230		固定词组	44	
	一致性	470		副词	修饰语	53	108
	及物性	326			词序	46	
	固定词组	225			级	9	
	语态	217		形容词	级	48	90
	限定性和非限定性混淆	177			-ed/-ing 混淆	21	
	非限定动词	176			固定词组	12	
	情态	140			型式	8	
	语气	34			谓语/定语	1	
名词	数	470	1324	连词	型式	35	40
	冠词	300			固定词组	5	
	一致性	254					

上述统计结果在一定程度上反映出我国高中生英语学习中普遍存在的困难，可以为职前英语教师写作纠错能力的培养提供参考。例如，对出现频率较高的错误类型进行纠正的能力便是职前英语教师培养中需要关注的一个重点。具体到实际写作纠错环节，教师可以对词形、句法、词汇和动词这四类错误，尤其是其

中的拼写错误、流水句、词类错误以及时态、一致性和及物性错误，给予适当的倾斜。同时，在设计测试任务时，如果需要在若干错误中选取一部分来让考生纠错，而且同一个大的类别下面若干个子类别错误同时出现，那么测试开发者在选择具体的纠错目标时应优先考虑出错频次更高的错误类型，因为这些错误更具有普遍倾向性。当然，这与实际教学中的纠错行为稍有差别，对于任课教师来说，还要注意普遍倾向性和个体的独特性之间的差别。也就是说，在实际纠错环节，教师还应当根据每篇作文的具体情况，尤其是错误的严重程度，对纠错的目标进行恰当的选择。另外，由于出发点不同，《中国学习者英语语料库》仅仅对语言失误进行了统计，并没有触及作文内容方面的问题。因此，为了全面了解我国高中生写作中常见的问题，还需要参考一线高中英语教师的意见。

通过同时以"高中""英语""写作"和"错误"为检索词对论文摘要进行检索（检索时间为 2017 年 4 月 20 日），初步显示中国知网中有 60 篇论文符合检索条件，在对这些论文内容进行逐一排查后，发现有 35 篇论文对高中生英语写作中常见的错误进行了分析，其中 19 篇文章由各地一线高中英语教师独立完成，2 篇由高中英语教师和高校教师共同撰写。这些文章中，有的是对高中生英语作文中常见的错误进行了统计分析，例如南京市第十三中学傅山云老师对 90 份高三考场作文进行统计分析后，发现篇均出错率达到 9.7 个，其中"错误率较高的有单词拼写、短语搭配、谓语及非谓语、句子结构、大小写和标点等"（傅山云，2015：29）；有的是进行的个案研究，例如四川夹江中学教师李余（2014）借助一篇学困生作文对詹姆斯（James，1998/2001）划分的本体、文本和语篇错误进行了分析；有的是个人教学经验总结，例如安徽淮南市第十中学邓敏（2009）结合自己的教学经验，从形态、词汇、句法和语篇等四个角度对学生写作中存在的主要问题进行了讨论。应该说，这些文章对我国高中学生英语写作中存在的主要问题进行了多个角度考察，结果很有参考价值。

通过对所收集的论文进行梳理后，发现我国高中生英语写作中常见的错误或问题大体属于词汇、句法、语篇和内容等四个层面，每个层面所涵盖的具体问题或错误类型如表 4.5 所示。识别和协助学生解决这些方面的问题是一名合格的英语教师应该具备的重要教学能力之一。

表 4.5　我国高中生英语写作中常见的错误和问题

词汇错误	拼写、大小写、名词单复数、动词时态、语态、非谓语动词、形容词及副词比较级和最高级、词类、搭配、漏词、冗余词、同义词和近义词误用、冠词、连词、介词和代词使用不当、歧义、用词不当
句法错误	流水句、主谓不一致、中式英语、时态、情态、片段句、兼语结构、主从句关系紊乱、句子成分缺失、语序、结构缺陷、标点
语篇错误	衔接不当、段落之间缺乏联系、反复使用简单句型、句式单调、语义语用错误、断句有误、结构缺乏条理性和逻辑性
内容问题	内容贫乏、表意不清、要点不明、要点遗漏、离题

4.3 高中英语写作书面反馈任务及相关能力要求

对目标内容范围进行全面和清楚的界定是回答"测什么"这一问题的关键。对于职业资格测试，目标内容范围也称工作内容范围（job content domain），它涵盖实际工作中需要完成的具体任务，以及完成这些任务需要的知识、技能或能力。本章对二语教师在给学生提供写作书面反馈时需要完成的具体工作以及我国高中生英语写作中存在的突出问题进行了详细分析。这些分析可以较为清楚地展示高中英语教师在进行写作书面反馈时需要完成的关键任务以及相应的任务要求。

根据以上论述，教师在提供写作书面反馈时需要完成三项关键任务，即纠错、写评语和进行示范写作。

其中，纠错可进一步分为直接纠错和间接纠错。根据前文论述，教师可根据错误类型选择不同的纠错方式，也可以根据每位同学的实际情况以及教学需要进行灵活选择，以做到因材施教。也就是说，对于同一类错误，并不存在固定不变的纠错方式。因此，对于每一类错误，教师应该同时具备直接纠错和间接纠错的能力，唯有如此，方能在两者之间按需取舍。

除了纠错外，教师还要能够针对学生作文撰写相应的评语。在评语中，既要对学生作文进行合理评价，也要提出具体的修改建议。评价分正面评价和负面评价，其中正面评价旨在提高学生写作的积极性，同时让学生认识到自己写作的长处，以便继续保持；负面评价则与纠错具有相同的目的，旨在帮助学生认识到存在的问题。不同的是，纠错的着眼点在语言错误上，而负面评价则可兼顾作文的语言、内容和组织结构等多个方面。因此，评价时要从语言、内容和组织结构等方面入手，重点分析作文表意是否清楚、要点是否明确、内容是否充实、段落前后是否有衔接、结构是否符合逻辑以及是否存在离题的情况，而且所有这些评价均要围绕写作目的展开。

提供写作示范是教师在进行写作书面反馈时应涵盖的另一项重要内容。在英语写作教学中，教师要能够针对学生作文中存在的突出问题适时进行示范写作，以便从实践角度加强学生对"什么是好的英语作文"的认识。

以上三项任务是确保写作书面反馈有效性的关键。结合我国高中生英语写作中存在的主要问题，研究者对写作书面反馈任务及相关能力进行了总结，具体如表4.6所示。在这三项任务中，纠错是为了帮助学生更好地习得和使用语言，这是实现英语书面交际有效性的前提条件。评语的功能则是为了指出学生在进行书面交际时存在的主要问题，并有针对性地提供修改建议以便提高交际的有效性。如果说评语是从理论和方法上对学生写作提供指导，那么示范写作则属于实践教学，它是在评语的基础上有针对性地演示如何落实某一修改建议。

表 4.6　高中英语写作书面反馈任务及相关能力要求

反馈任务		能力要求	常见错误或问题举例
纠错	直接纠错	识别学生语言错误，根据表意需要提供正确表达方法。	拼写、大小写、漏词、时态、一致性、及物性、用词不当、结构缺陷、流水句、标点、片段句、中式英语。
	间接纠错	识别学生语言错误，并进行相应标注或元语言分析。	
写评语	正面评价	识别和评价学生作文中的优点。	
	负面评价	结合写作目的，识别和评价作文语言、内容和组织结构等方面存在的突出问题。	内容贫乏、表意不清、要点不明、要点遗漏、离题、段落之间缺乏联系、结构缺乏条理性和逻辑性。
	修改建议	针对上述问题，提供相应的修改建议。	
示范写作		选取学生作文中的某一突出问题，通过示范写作来向学生展示如何有效实现个人的交际目的。	

4.4　本章小结

本章从纠错、写评语和示范写作等三个方面对二语教师写作书面反馈任务进行了详细分析。就纠错而言，全面纠错和选择性纠错各有优缺点，尽管间接纠错更具长时效应，直接纠错的做法对于低水平学习者而言更加适合，因此，任课教师应该结合错误性质、教学策略、写作过程的不同阶段以及学习者的二语水平进行合理选择。与纠错相比，撰写评语是更为复杂的教学活动，评语内容、评价方式和评价用语均会影响评语的有效性。因此，在撰写评语时，需要从以上几个方面进行斟酌，以确保评语便于学生理解，能够切实帮助学生提高作文质量，同时又不打击学生写作的积极性。而示范写作则要求任课教师自身具备扎实的写作功底，并结合学生写作中存在的突出问题，适时通过示范对其进行有效点拨。以上三个方面是确保教师写作书面反馈有效性的关键。总之，形成和提供反馈是一件复杂的认知活动，它要求反馈提供者具备一定的识别和判断能力（Readman & Allen，2013：102）。也就是说，对于纠正哪些错误，选择何种纠错方式，对哪些方面进行评价、如何评价，针对哪些问题以及采取何种方式提供写作示范等问题，教师均需要做出恰当的判断。

在对目标任务进行描述的基础上，结合我国高中生英语写作中存在的突出问题，本章明确了英语教师在进行写作书面反馈时需要完成的关键任务以及相应的能力要求，这些任务即是测试取样的依据。如何对这些任务以及完成每项任务的能力要求进行合理取样是本研究所要关注的焦点。根据表 4.6 所涵盖的内容，在设计考试任务时应该兼顾对纠错能力、评价能力和写作示范能力的考查。纠错能力与教师自身的英语语言功底有关，评价能力则关系到教师对好的英语作文的认识，这两方面的能力均能够在教师的英语写作实践中得到充分的体现。所以说，示范写作能力与纠错能力和评价能力是一脉相承的，只有将三者相结合，才能全面、充分地考查职前英语教师的写作书面反馈能力。

第 5 章 测试任务的设计与完善

本章主要回答第二个研究问题，即什么样的测试任务能够充分反映出英语教师的写作书面反馈能力。根据研究的整体设计，该阶段的主要工作是开发测试任务。首先，结合测量目标对测试任务设计方案和样题进行解读。然后，通过测试、小组访谈和测试专家判断等方式进行实证研究，收集相关信息，以便对样题进行修订和完善，进而确保测试内容的相关性和取样的充分性。

5.1 测试任务的初步设计

5.1.1 测量目标

本测试开发的主要目标是测量有意从事高中英语教学者对高中生英语作文中出现的语言错误进行识别、解释和纠正的能力，对作文进行恰当评价并提供有效修改建议的能力，以及通过示范写作向学生展示如何实现个人交际目的的能力。

5.1.2 测试任务设计方案及相关要求

结合测量目标以及表 4.6 列出的重要目标任务，经过多次论证，形成了英语教师写作书面反馈能力测试任务设计方案，具体如表 5.1 所示。

方案明确了整个测试所包含的任务、任务呈现顺序、答题方式、答题指示用语、作答用语、作答长度要求以及整体作答时间。

根据该方案，整个测试包括三项任务，分别测量考生的纠错能力、撰写评语的能力和示范写作能力。

表 5.1　英语教师写作书面反馈能力测试任务设计方案

考试任务	考试构念	任务数量	答题方式	答题指示用语	作答用语	作答长度要求	分值	答题时间
任务1：纠错	识别、解释和改正语言错误	不限定	文中批注、边注	英语	英语	不限	20分	暂定60分钟
任务2：写评语	对作文语言、内容和组织结构进行评价并提出修改建议	1个	尾注、集中作答	英语	英语	不限	20分	
任务3：示范写作	针对学生作文中存在的突出问题进行示范写作	1个	集中作答	英语	英语	根据具体任务来定	15分	

任务 1 要求考生首先识别学生作文中出现的语言错误，然后在对错误进行解释的基础上提供正确的修改方案。准确识别错误是进行有效纠错的前提条件，因此，该能力的欠缺将直接影响教师的纠错能力，这一点在后续的试测中得到了充分的验证。为了确保任务的真实性，初步计划摒弃 TKT 和 LPATE 将出现错误或问题的地方用下画线标出的做法，不对语言错误做任何标记，以便如实考查考生的错误识别能力。当然，这一决定是否可行还需要结合试测来做进一步考查。此外，前文提到全面纠错和选择性纠错均有各自的优点，如何在两者之间做出选择取决于任课教师的教学策略和纠错目的。然而，为了更全面地考查考生的纠错能力，初步要求考生进行全面纠错。除了全面纠错和选择性纠错外，任课教师还需要在直接纠错和间接纠错之间进行取舍。根据前文论述，间接纠错更具长时效应，然而一味地选择间接纠错的做法并不可取。任课教师应该根据学生英语水平、错误的性质以及教学策略等方面适时选择直接纠错。另外，即便任课教师选择了间接纠错的方式，当学生通过个人努力无法解决相应问题的时候，他们仍有可能转而寻求教师的帮助，以获取恰当的修改方案。所

以说，对于学生作文中的任意一个错误，任课教师均应同时具备间接纠错和直接纠错能力，这是能够在两者之间进行灵活选择的前提，也是确保任课教师能够切实帮助学生解决语言问题的必然要求。鉴于此，本设计方案不要求考生在直接纠错和间接纠错之间进行取舍，而是要求他们同时采用两种纠错策略。当然，间接纠错的方式有多种，其中包括用下画线标出错误的位置、用错误代码进行标注、用语言提示错误类型以及对错误性质进行解释。在这些方式中，最后一种对纠错者的认知能力要求最高，也因此被本设计方案采纳，因为如果考生能够对错误性质进行准确解释，那么要求他们采用其他间接纠错方式自然更不成问题。对错误性质进行解释时有可能需要使用一些语法术语，但是根据戈尔茨坦（Goldstein，2005：98），过于专业的术语可能会造成学生理解困难，因此本方案对语法术语的使用不做硬性要求，仅将解释的准确性作为评分的依据。此外，本方案还初步计划保留文中批注和边注这两种教师在处理错误时常用的标注方式。

任务 2 要求考生结合写作目的，对学生作文从语言、内容和组织结构等方面进行评价并提出修改建议。评价中既要指出学生作文的优点，也要对作文中存在的主要问题进行分析。毫无疑问，能否辨识学生作文中存在的主要问题是决定任课教师能否有效指导学生修改作文的关键，这取决于教师对什么是好的英语作文的认识。有效的评价和建议应该是针对学生作文中的突出问题展开，而不是大而空的泛泛之谈。判断评价质量高低的具体标准将在下一章介绍评分方案时详细说明，但是需要说明的是，该任务主要考查考生是否能够对学生作文进行有效地分析，以帮助学生做进一步修改，因此评语的内容是评分时需要关注的重点。当然，根据第 4 章的相关论述，写评语时所用的语言会对评语的有效性造成一定的影响，因此将语言表达是否易于理解也作为评分的参考。

任务 3 要求考生结合所写评语，选取学生作文中的一个突出问题，然后进行示范写作，以实际行动向学生展示解决问题的有效方案。对该任务作答进行评分时将重点关注考生作文的示范作用。

三个任务的答题指示用语和作答用语均是英语。弗里曼（Freeman，2017：40）在论述教师的课堂英语能力（classroom English proficiency）时指出，课堂语言使用主要有三个功能：管理课堂、理解和交流课程内容以及对学生进行评价并给他们提供反馈信息。可见，用英语进行评价和提供反馈的能力是教师课堂英语能力（或称教学英语能力）的重要组成部分。因此，本方案要求考生用英语对学生语言错误进行解释以及撰写评语，目的便是为了借助考试的反拨作用促使他们努力提高自己的教学英语能力。

任务1和任务2在作答长度上不做要求，这一点符合目标任务特征。为了确保能够真正起到有效的示范作用，任务3初步要求参照具体任务来限定作答长度。

总答题时间暂定为60分钟，在将来大规模测试后，再根据时间宽松决定是否需要做出调整。

每个任务的原始分值分别为20分、20分和15分。在考试实施后，可根据具体情况进行相应的换算。

总之，该方案主张从纠错、写评语以及进行示范写作三个角度对考生的英语写作书面反馈能力进行考查。与现有的测试任务相比，该方案对写作书面反馈能力的测量更加全面也更加充分。如果说纠错能力与考生自身的英语语言功底有关，评价能力则关系到考生对好的英语作文的认识，而这两方面的能力均能够在考生的英语写作实践中得到充分的体现。所以说，示范写作能力与纠错能力和评价能力是一脉相承的，只有将三者相结合，才能全面、充分地考查职前英语教师的写作书面反馈能力。这样不仅可以更加全面地检测考生的英语写作书面反馈能力，而且可以同时考查考生自身的写作能力。毫无疑问，只有教师自身具备了良好的英语写作能力，才能够在英语写作教学中给学生提供有效的指导。

5.1.3 样题初稿解读

按照任务设计方案，初步设计以下样题：

Directions：Below is an essay written by a high-school student. Read the essay and complete the following tasks in English. (60 minutes)

Some people say that schooldays are the happiest days of one's life. Do you agree or disagree? Give specific reasons and examples to support your view.	
Sample essay： 　　Nowadays, whether schooldays are the happiest days of your life becomes a hot topic in society. Opinions are vary from person to person. I think schooldays are the happiest days of my life. 　　Personally speaking, I can make a lot of friends in school which are the most pureness friendship to me. For example, all of my best friends are also my classmates in school. In addition, schooldays are the most free days of my life. There are only study and play in the school. No more stress from job, no more problems from society. Furthermore, it was the longest time that I spend time with people who live me. Not only friends but also parents. We share half of our time and almost all of our happiness and sadness with parents. It will become a precious memory when I grow up. 　　So, as for these reasons, I support that schooldays are the happiest days of my life.	

Task 1: Detect and underline language problems in the essay, explain the nature of them (e.g. subject-verb agreement or wrong use of verb tense), and then make corrections. Corrections and explanations may be provided within the essay or written in the right-hand column.

_____
_____
_____
_____
_____
_____
_____

Task 2: Comment on the content, organization and language of the essay and provide suggestions for further improvements.

_____
_____
_____
_____
_____
_____

Task 3: Select one point of view the student raised in the essay and write a paragraph of about 80 words to show how to support it.

_____
_____
_____
_____

样题所选材料为北京市某中学高中二年级学生撰写的一篇作文。为了确保任务的真实性，对所选学生作文内容暂不做任何调整。作文体裁为议论文，要求学生针对"学生时代是否是人生中最为快乐的时光？"发表个人意见，并结合具体原因以及例子来对个人观点进行支撑。这篇作文字数符合要求，立场明确，整体结构较清晰，较恰当地使用了一些衔接词，但语言表达和内容上均存在一些较为突出的问题。

就语言错误而言，出现的错误类别包括词类错误（如 Opinions are vary from person to person.和 pureness friendship）、形容词最高级错误（如 the most pureness）、表意错误（如 I can make a lot of friends in school which are the most pureness friendship to me.）、冠词使用错误（如 There are only study and play in the school.）、主谓不一致（There are only study and play）、片段句（如 No more stress from job, no more problems from society. 以及 Not only friends but also parents.）、名词单复数用法错误（stress from job）、句子结构问题（如 it was the longest time that I spend time with people who live me.）、时态错误（如 it was）、代词用法错误（如 it was）、连词用法错误（as for those reasons）以及用词不当（如 I support that schooldays are the happiest days of my life）。除了上述错误外，文中还有其他一些错误，在此就不一一指出。

从作文内容来看，作文开篇第一句话"Nowadays, whether schooldays are the happiest days of your life becomes a hot topic in society."显然属于我国英语学习者在写作文时常用的套话，写作要求中并没有提到所及话题属于目前社会热议的话题，而且存在这种巧合的概率也不大。以这种方式来介绍写作话题的做法在我国学习者英语作文中属于较为常见的现象，这种套话起不到任何有效的交际作用，应当杜绝使用。当然，这一问题对作文的交际效果并不会造成严重影响。相比，较为严重的是，这篇作文在观点论述上存在一些较为突出的问题。该学生（以下简称"该生"）从三个方面对个人立场进行了论述，乍一看思路非常清晰，但是细读后不难发现，对于每一个论点的阐述都不够充分，并且还有离题的现象。第一个论点是"在学校可以结交很多朋友，而且和他们之间的友谊是最为纯洁的"。按理，对这一论点进行阐释时，应该说明为什么和他们之间的友谊最为纯洁，同时给自己带来了哪些快乐。然而，该生仅举例说自己所有的好朋友都是自己的同班同学，这显然无法对上述论点提供有效支撑。该生的第二个论点是"学生时代是自己一生中最为自由的日子"，但是接下来做出的"学校仅有学习和玩耍"的论断显然有失偏颇，站不住脚。第三个论点本身表述不够清楚。此外，该生在阐述中提出，学生时代一半的时间和父母一起度过，而且可以和父母分享几乎所有的快乐和悲伤，这将在自己长大后成为有价值的回忆。这些内容显然并不能说明学生时代是人生中最为快乐的时光，偏离了文章的主题。如果说和父母分享自己的快乐和悲伤是最为快乐的，那么在学生时代可以这样做，为什么在其他时间段不可以呢？对此，该生并没有做出任何解释。

以上是这篇作文中存在的主要错误和问题，能否准确识别和分析这些错误和问题是任务 1 和任务 2 考查的重点。其中，为了从形式上尽可能地模拟真实的纠错活动，对任务 1 进行作答时，初步允许考生在文中批注和边注两种形式之间进行自由选择。

任务 3 要求考生选取该生提出的某一论点，通过示范写作来展示如何对论点进行有效的阐释。为确保阐释的充分性，任务 3 规定作答长度为 80 词左右。应该说明的是，这一作答长度要求并不是任课教师在进行示范写作时必须遵守的原则，如此设定目的一方面是为了充分展示职前教师的写作能力，另一方面是为了能够充分考查他们的英语语言基本功。在实际教学过程中，示范写作的长度并不固定，而应该根据具体情况来调整。

以上是对样题初稿所选作文材料以及相关测试任务的解读。从总体上看，样题初稿涵盖的三项任务符合英语教师写作书面反馈能力测试任务设计方案中的各项要求。

5.2 研究设计

本阶段研究以定性分析为主，研究数据主要包括通过试测收集的考生作答数据、通过问卷调查收集的考生反馈以及以小组访谈形式收集的专家意见。同时，研究还采用了测试内容效度验证常用的方法即专家判断，具体做法采取专家函审的形式。

5.2.1 试测

5.2.1.1 研究目的

此次试测的目的主要是对样题初稿中几个尚未确定的因素进行研究，包括任务设计是否合理、答题指示是否清楚以及答题时间是否宽裕等几个方面。

5.2.1.2 试测对象

根据国家政策，大学本科及以上学历人员可报考高中教师资格证书考试。但是，在高校普遍提高教师招聘条件后，硕士研究生逐步成为高中新入职英语教师的主力群体。鉴于此，本研究决定选取英语专业硕士研究生作为试测对象。

参加此次试测的人员为来自天津市某高校和河北省某高校外国语言学及应用语言学方向的 34 名硕士研究生，其中 21 名同学已经获得国家颁发的高中英语教师资格证书，其余同学大都表示目前正在备考。

5.2.1.3 数据收集

研究数据主要来自两个方面:考生作答和问卷调查。

34名考生均认真完成了考试任务,所有答题均为有效作答。通过分析考生的答题情况,可以了解保留某些目标任务特征的可行性,以及考生对答题指示的执行情况。

另外,通过问卷调查收集了考生关于答题指示和答题时间等方面的反馈信息。这些信息可以为完善测试任务设计以及调整答题指示等提供参考。同时,问卷中还调查了考生在答题过程中遇到的困难和造成困难的原因,以及考生对英语写作书面反馈的认识,这些方面的信息有助于进一步了解考生英语写作书面反馈能力的现状。

5.2.2 小组访谈

5.2.2.1 研究目的

小组访谈的目的是邀请相关专家对样题二稿任务设计的合理性进行审查,以便结合专家意见对样题进行第二次修订。

5.2.2.2 受访专家

共有6名专家应邀参加了小组访谈。

专家A为国内某知名高校教授、博士生导师,对语言测试以及英语教师教育与发展有深入的研究,曾任高中英语课程标准修订工作组专家,并担任过某项国家级考试英语命题组长。

专家B为国内某知名高校教授,对于英语教学有深入的研究,曾担任国家规划教材主编,并多次参与中学英语教师参赛作文的评阅工作。

专家C为国内某知名高校研究员,针对中学英语教师发展做过项目研究,曾任"国培计划"专家,并担任《系统》(*System*)、《教学和教师教育》(*Teaching and Teacher Education*)、《对外英语教育季刊》(*TESOL Quarterly*)、《教师发展》(*Teacher Development*)等国际应用语言学和教师教育领域权威期刊的审稿人。

专家 D 为国内某高校副教授，主要从事中小学英语教学与英语教师专业发展研究，曾担任市级中小学英语教师培训项目负责人以及高中英语骨干教师研修项目负责人。

专家 E 为某重点中学高中英语特级教师，具有丰富的教学经验，担任区级名师工作站指导教师、特聘兼职教研员以及新课标教改专家组成员。

专家 F 为高中英语教研员，曾担任高中英语课程标准修订工作组专家。

上述专家中既有英语教师发展和教师教育研究领域的专家，也有高中英语教研员以及一线高中英语教师，其中有两名专家为高中英语课程标准修订工作组专家。这些专家对高中英语教学以及教师教育均有深入的研究，他们的意见和建议对样题的修改有重要的参考价值。

5.2.2.3 数据收集

2017 年 9 月 10 日下午 2 点在北京外国语大学国际大厦 645 会议室，本项目组对上述 6 名专家进行了集体访谈，访谈历时 3 个小时。6 名专家对中国英语教师专业能力测试所涵盖的四个模块事先进行了集中审查，其中一个模块便是本研究设计的英语教师写作书面反馈能力测试任务。审查前，研究者对测试开发的背景、目的、任务设计理念以及样题结构进行了简要说明。然后，针对每个模块邀请各位专家充分发表个人意见。访谈不设固定问题，目的是为了让各位专家充分表达个人看法。

5.2.3 测试专家判断

5.2.3.1 研究目的

该部分研究的目的是邀请二语写作测试领域的专家对样题

三稿的内容效度进行判断,并结合测试专家反馈对样题进行最后一次修订。

5.2.3.2 受邀专家

共有 3 名专家应邀对样题内容效度进行了审查。

专家 G 为国外某知名高校教授、博士生导师,是国际二语写作教学与测试研究领域的顶级专家,担任过某国际知名杂志的执行主管以及某国际著名考试的专家委员会主席,现为《语言测试》(*Language Testing*)、《语言评测季刊》(*Language Assessment Quarterly*)、《写作评价》(*Assessing Writing*)以及《二语写作杂志》(*Journal of Second Language Writing*)等国际权威期刊的编委。

专家 H 为澳门某知名高校副教授、博士生导师,对语言能力测试与评估尤其是写作能力培养与评估有深入的研究,并担任《语言测试》(*Language Testing*)、《写作评价》(*Assessing Writing*)、《二语写作杂志》(*Journal of Second Language Writing*)、《学术英语杂志》(*Journal of English for Academic Purposes*)等国际权威期刊的审稿人。

专家 I 为国外某知名大学博士,主要从事应用语言学、大规模外语测试与二语写作测试研究,其围绕写作测试撰写的博士论文曾获得某国际著名机构的资助,并获得某国际著名基金会颁发的奖励。

以上三位专家既熟悉二语写作能力培养,同时又都是二语写作测试研究领域的专家,他们对样题内容效度做出的判断具有权威性。

5.2.3.3 数据收集

2017 年 9 月 11 日至 13 日,研究者通过电子邮件与上述三名专家取得联系,邀请他们对样题进行审查,并随后进行了多次邮件沟通,其中专门针对样题审查的邮件往返次数分别为 3 次、5 次和 3 次。在邮件中,研究者介绍了样题开发的背景,并邀请专家从测试内容的相关性和取样的充分性入手对样题的内容效度进行了判断。同时,还请他们针对样题的完善发表了各自的看法。

5.3 结果与讨论

5.3.1 试测发现

5.3.1.1 关于任务设计

任务 1 要求考生首先识别并用下画线标出作文中的错误,然后对错误进行解释和改正。前文提到,为了从形式上尽可能地模拟真实的纠错活动,初步允许考生自由选择文中批注和边注两种形式。此外,该任务还要求考生进行全面纠错。试测显示,上述考查方式有待调整。

首先,从卷面看,考生作答情况有些混乱。有的考生将整句话用下画线进行了标注,但是没有提供任何解释,因此难以辨认是否真正识别出了作文中的错误;有的考生由于拿不定主意对同一个地方反复进行标注,使得评分时难以辨别其真实意图;有的考生没有使用恰当的标记方法,导致很难将其提供的边注与文中具体出错的位置进行一一对应;有的考生对文中批注和边注并不了解,不能将作文批改中的纠错与以前做过的改错题进行正确区分。由此可见,让学生自行标记错误并同时采用文中批注和边注的做法并不可取,这样不仅不方便答题,而且会使考生作答显得过于混乱,给评分带来一定的困难。

此外,要求考生进行全面纠错的做法也并不理想。不少考生仅仅处理了文中一些容易改正的错误,而未处理的错误中包括不少我国高中生英语写作中常见的错误类型,而对这些错误进行纠正的能力恰恰是该任务需要关注的重点。为了进一步了解情况,研究者对部分考生进行了访谈。访谈中,考生反映面对文中众多的错误感觉无从下手，在有限的时间内对所有错误进行一一纠正并不现实，因此仅仅处理了一些容易改正同时自己又有把握的错误。这种"避重就轻"的做法导致根据测试分数对考生能力进行的解读并不一定准确，因为虽然考生没有处理文中的一些错误，但是这并不一定代表他们没有能力去做，也许是他们在作答中选择了规避。

根据 4.1.2.1 小节论述以及图 4.2 所示，虽然评语中需要兼顾对语言形式的评价，但是由于对语言错误的处理主要是在纠错环节完成，因此在对学生作文进行负面评价时，应重点关注作文的内容及内容的呈现方式（即作文的组织结构）。然而，研究者在阅读考生作答时发现，不少考生将大部分篇幅用于讨论作文中出现的语言问题，将对作文内容和组织结构的论述一带而过。究其原因，应该是考生在作答任务 1 的过程中对作文中出现的语言错误已有一定的了解，因此从该方面进行评价显然更加得心应手。但是，这一点恰恰违背了该任务设计的初衷。该任务重点检测考生是否能够指出作文内容和组织结构等方面存在的突出问题，并有针对性地提出修改建议，这才是教师在写评语时应该关注的重点，也是该任务要考查的核心构念。显然，关于语言问题的评价对该任务核心构念的考查造成了一定程度的干扰。

5.3.1.2 关于答题指示

问卷的第一个问题是"您认为答题指示是否清楚？如果不清楚，请做具体说明"。34 名考生中，有 26 人认为答题指示清楚，占 76.5%，有 8 人认为不清楚，占 23.5%。

8 名考生反映出来的问题集中在任务 1 或任务 3 上。其中，有 4 人认为任务 1 答题指示不清楚，其中 1 人做了详细的解释。该生指出，"第一题，在改错时不知道应以何种形式。记得中学做改错题是一句话后面有一个空，把错误处在文中进行标记后，在后方空内以对应的形式写出改错结果。然而这道题的描述不是很清楚,因此我加了序号,按自己的形式进行了改错。"显然,该考生并不能够恰当地将教师的纠错行为和中学所做的改错题进行区分,但是这也反映出一味地保留目标任务特征的做法并不可取。

除了任务 1 外,有 5 名考生认为任务 3 答题指示不清楚,其中 2 人做出了详细解释,且意见一致,均认为不清楚是对写作方法进行解释还是进行示范写作。例如,其中 1 人提到,"不清楚是为了解释如何更好地写作,列出并说明写作方法,还是模仿学生写作。"为了弄清楚任务 3 答题指示是否也给其他考生造成了迷惑,研究者认真阅读了所有考生对任务 3 的作答。结果发现,颇为有趣的是,上述 2 名考生的作答均符合要求,另外 3 人中仅有一人作答不符合要求,该考生没有进行示范写作,而是对学生的观点进行了评价。相反,在认为答题指示清楚的考生中有 4 人的作答不符合要求,其中 3 人提供了写作建议,1 人在进行示范写作的基础上简短地提出了写作建议。这一方面反映出考生提供的问卷反馈信息有时并不可靠,另一方面也充分说明,任务 3 的答题指示需要进行调整,明确该任务是让考生自己进行写作,以便给学生提供示范。

鉴于以上发现,虽然没有考生反映任务 2 的答题指示存在问题,研究者依然决定通过审查考生对任务 2 的作答来探索是否存在一定的问题。研究发现,34 名考生均按照答题要求对所提供的学生作文进行了评价并提供了一定的修改建议,作答基本符合要求,但依然存在一些较为突出的问题。

就正反两个方面的评价而言,34 名考生中仅有 19 人的作答涉及对学生作文的正面评价,其余 15 人仅指出了作文中存在的问题,而所谓的正面评价也大多是在对作文内容和结构进行分析时捎带提出的。前文提到,正面评价的目的是为了保持学生写作的积极性,而负面评价的目的是为了提供诊断信息。在具体评价中,可以按照图 4.2 所示,先对学生写作给予恰当的表扬,然后再指出其作文中存在的突出问题,并提出相应的修改方案。测试结果显示,考生对评语这一体裁显然缺乏了解,凸显出其评价的盲目性和随机性。

此外,不少考生在评价时仅对作文结构和内容进行了分析(如图 5.1 所示),并未有意识地指出其中存在的问题,这说明他们在理解 comment 一词的含义上出现了偏差。

> This essay is an argumentation. The ~~author~~ The organization of the essay is good. In the first paragraph, the author give his/her ideas and thesis. In the second paragraph, it gives many examples and reasons why schooldays are the happiest days of ~~his~~/her life. In the third paragraph, it gives the conclusion.
>
> But there are also some mistakes should be avoided. First, the set phrase should be used properly. Second, the clause used in the essay are not suitable. The guide words should use correctly. Third, the meaning of the phrase should think carefully.
>
> Here are suggestions for further improvements.
> 1. Pay attention to the sentence pattern.
> 2. Make it clear ~~和~~ about the characteristic or property of a certain word.
> 3. You can take some facts in your life as example, which is ~~s~~ more persuasive ~~that~~ than reasons only.
> 4. It would be better to give the experience ~~of~~ yourself.
> 5. The conclusion should be more specific.

图 5.1　任务 2 考生作答实例

再者,不少考生未能将作文的作者视为评语潜在的读者。例如,图 5.1 中考生一开始便将作者称作 the author。使用类似的称呼会导致评析人缺乏与目标读者之间的交流,这样写出来的评语更像评论员文章。在写作教学中,教师撰写评语时应该是在和学生进行"面对面"的双人交流与沟通,而不是像评论员那样以第三方的口吻对事物做出评论。以上问题表明,任务 2 的答题指示还需要做进一步调整。

5.3.1.3 关于答题时间

问卷的第二问题是"您认为答题时间是否充裕？如果不充裕，您认为多长时间合适？"。调查这一问题的主要目的是确保给考生提供充足的时间，以便保证答题质量。参加试测的考生均为在读硕士研究生，属于学历层次较高的群体，如果他们认为时间不充裕，那么就应当适当延长答题时间。结果显示，所有参加试测的考生均认为答题时间充裕，并有 27 人建议将答题时间缩短，建议的时间多在 40—50 分钟之间。考虑到潜在的考生群体还包括本科学历层次的人员，因此本测试暂时不缩短答题时间，等到将来大规模试测后再决定是否需要做出调整。

5.3.1.4 关于考生作答困难

问卷的第三个问题是"在答题过程中，您遇到了哪些困难？造成这些困难的原因是什么？"。考生的回答暴露出一些较为突出的问题，其中有 22 人表示，自己的语法基础不够牢固，语法术语不会表达。以下是部分考生做出的具体表述：

（1）改错时，不知道错误属于什么类型。不怪题目，应该怪自己语法基础不扎实。

（2）指出错误时，有些专业术语记不太清楚；有些句子里有多个错误，但不能毫无遗漏地指出来。原因是对专业术语及语法掌握得不甚牢固。

（3）在批改前面的作文时发现句子不对，却不知如何修正或批改。

（4）有些话不知道怎么表述，一些能用中文表达得很清楚的话，用英文说不清楚；有些单词会读、也认识，但是提笔忘字。原因是缺乏练习，有些英语单词记得不牢，自身思维逻辑还不够清楚。

也有不少考生表示不知道如何对作文进行评价，例如有考生指出,"虽然知道文章有问题,但是又不能一下找出原因……知道写得不好,却不知具体哪里不好,不能从题目给出的方向指出不好的原因。"更令人担忧的是,一些考生并不具备对作文质量进行准确判断的能力,例如,一名持有高中英语教师资格证书的考生认为,"该中学生这篇文章,里面的错误不是很多,错误点不是很明显。原因(是)自己个人英语能力有待提高。可能性(是)中学生写的这篇文章水平比较高。"甚至还有考生将试题中的学生作文视为范文,该生表示,"在自己写作文的时候,会受所给范文的影响,思路会倾向于所给的作文。"

上述情况着实令人担忧,这些考生中多数已经拥有国家颁发的高中英语教师资格证书,这就意味着他们将来很有可能要到高中任教。然而,他们不仅不能准确识别和纠正学生作文中存在的错误,而且甚至缺乏对好的作文的认识,错误地将多处需要修改的学生作文视为范文。这种现状充分说明,我国高中英语教师的师资储备并不理想。同时,也表明现有的英语教师资格证考试尚存在突出的问题,并不能够有效地筛选出合格的人才,这也从反而体现了设计新的测试任务的必要性。

5.3.1.5 关于考生对写作书面反馈的认识

问卷的第四个问题是"结合您自己的英语写作学习经历,谈谈从样卷中的三个方面(即纠错、写评语、示范写作)进行反馈是否能够有效地帮助学生提高英语写作能力"。在写作教学中,给学生提供反馈信息的主要目的是为了有效地帮助他们提高英语写作能力,而实现这一教学目标的关键在于反馈信息的有效性和充分性。根据前文论述,纠错、写评语和示范写作是任课教师在给学生提供写作书面反馈时应完成的三个关键任务,也因此成为英语教师写作书面反馈能力测试中的三个测试任务。通过调查考生对这三个任务的认识,一方面可以对测试任务的合理性进行验证,另一方面也可以揭示考生对写作书面反馈的了解。

在34名考生中，有27名考生认为从纠错、写评语和示范写作三个方面进行反馈能够有效地帮助学生提高写作能力。例如有考生认为，"从以上三个方面可达到提高学生写作能力的目的。首先，从提高学生的基本功包括英语语法、单词等方面着手，夯实学生基础写作知识；其次，从作文内容、结构和语言运用更深层次上着手，对书面表达整体内容、具体优缺点做评价；最后，用例文告诉学生怎样的衔接是更好的，先让其模仿，之后再进行针对性训练。"

当然也有考生不赞成提供写作示范，该生表示，"因教师水平参差不齐，或许因个人能力有限，写出来的东西不见得就比学生好，故不建议教师作示范。"该生的担忧并不是没有道理。从答题情况看，多数考生，包括已经拥有高中教师资格证书的考生，提供的写作示范均存在不同程度的语言表达问题。这从另一个侧面反映出，应该着力加强英语教师职前教育，并探索筛选合格英语教师的有效途径，以确保只有真正能够胜任基础阶段英语教育的人员才能获准走上教学岗位。

5.3.2 样题第一次修订

根据上述试测中的发现，本研究对样题初稿进行了修订，形成的样题二稿如下：

Directions：Suppose you are Li Min, an English teacher in a high school, and below is an essay written by your student, Wang Lei. Read the essay and complete the following tasks in English. (60 minutes)

Some people say that schooldays are the happiest days of one's life. Do you agree or disagree? Give specific reasons and examples to support your view.
Wang Lei's essay：

> Nowadays, whether schooldays are the happiest days of your life becomes a hot topic in society. (1) <u>Opinions are vary from person to person.</u> (2) <u>I think schooldays are the happiest days of my life.</u>
>
> (3) <u>Personally speaking, I can make a lot of friends in school which are the most pureness friendship to me.</u> For example, all of my best friends are also my classmates in school. In addition, schooldays are the most free days of my life. (4) <u>There are only study and play in the school.</u> (5) <u>No more stress from job, no more problems from society.</u> (6) <u>Furthermore, it was the longest time that I spend time with people who live me.</u> Not only friends but also parents. We share half of our time and almost all of our happiness and sadness with parents. It will become a precious memory when I grow up.
>
> (7) <u>So, as for these reasons, I support that schooldays are the happiest days of my life.</u>

Task 1 Error Treatment

Detect, **explain** and **correct** the error(s) in the underlined sentences. (Note: Some sentences contain more than one error.)

Task 2 Commentary

Comment on the essay. In your comments, please point out merits of the essay first, and then remind Wang Lei of the problems related to the development and organization of her ideas while offering her some suggestions for further improvements.

Task 3 Exemplary Writing

In the second paragraph, Wang Lei discussed her view from different perspectives. Select one perspective and write a paragraph of about 80 words to support the view that schooldays are the happiest days of one's life.

样题二稿为每个任务添加了标题,同时做出了以下调整:

首先,丰富了任务的情境特征。具体增加的内容为,"Suppose you are Li Min, an English teacher in a high school, and below is an essay written by your student, Wang Lei."这一情境特征的作用是为了明确考生是以一名高中英语教师的身份去完成所规定的任务,同时也有助于进一步明确任务作答的目标读者是"你"的学生Wang Lei。这样让考生"身临其境"地去批改学生作文,在一定程度上可以提高任务的真实性。

其次,对任务1考试设计做出了调整。考虑到采用文中批注和边注的方式不利于答题和评分,取消这两种纠错形式,改用文后集中作答的方式。不再要求考生进行全面纠错,而是参考我国高中生英语写作中常见的错误类型(表4.4和表4.5),从学生作文中有目的地选取若干错误来让考生进行解释和纠正。所选取的错误类型包括衔接不当、词类错误、语义错误、主谓不一致、冠词用法错误、片段句、名词单复数用法错误、代词使用错误、动词时态错误、句子结构问题、连词使用不当以及动词使用不当等。为了尽量真实地反映考生的错误识别能力,将存在错误的整句话进行标记,这一点与TKT和LPATE仅将出现错误或问题的地方用下画线标出的做法不同,仍需要考生对出错的具体位置进行识别,这在一定程度上保留了目标任务特征。同时,相应地修改了任务1的答题指示,使得考试构念更加凸显。

再次,对任务2的答题指示也做出了调整。为了提高评语的交际功能,在答题指示中和答题纸上明确了评语的目标读者。同时,为了避免考生对comment一词产生误解,以及避免评价的盲目性和随机性,新的答题指示对期望作答的内容进行了详细说明,不仅明确提出需要进行正面评价,而且不再要求考生对作文的语言形式进行评价,以便引导考生将作答的重点集中在作文的内容和组织结构上。然而,内容和组织结构这两个概念又过于宽泛,导致不少考生的作答虽然符合答题要求，但是并未触及作文中存在的核心问题。考虑到写作的主要目的是为了和读者进行思想交流，因此本测试将负面评价进一步聚焦到作者思想的组织和展开上，以便考生集中关注作文的交际效果以及影响交际效果的关键因素。具体到样题作文，从思想的组织和展开角度对作文进行评价时，需要重点关注以下问题：观点论述是否充分？细节和例子能否对作者观点提供有效支撑？结构是否符合逻辑？是否存在论述离题的现象？以上几个方面是影响作文交际效果的核心因素，指出与这些因素相关的问题并提出相应的修改建议则有助于大幅度提高作文的整体质量。

最后，为了避免可能造成的误解，进一步细化了任务 3 答题指示。

以上调整去除了部分目标任务特征（文中批注和边注），同时也使其他目标任务特征（答题情境和目标读者）更加鲜明。应该说，调整后考试构念更加凸显，答题指示更加明确，答题方式也更加具有可操作性。

5.3.3 小组访谈结果与讨论

参加小组访谈的 6 名专家对样题二稿进行了全面审查，他们对样题的开发给予了高度认可，同时也各自发表了一些意见和建议。例如，有专家认为三项任务重心在于测量考生的教学能力，对考生自身英语写作能力的考查不够充分。事实上，这三项任务并不缺乏对英语写作能力的考查。任务 1 涉及对考生语法知识和词汇知识的考查，而这两项知识都是写作时必须运用的知识；任务 2 则可以充分反映考生对好的英语作文的认识，而该方面的知识也是影响考生写作能力的关键因素；如果说前两个任务只是间接反映了考生的英语写作能力，那么任务 3 显然是对其写作能力进行的直接测量。所以，这三个任务可以从多个方面反映出考生的英语写作能力,这一点在随后的测试专家判断中得到了验证(参见 5.3.5 节内容)。除了上述意见外,也有专家认为,改错题不应该用下画线标注;为了保留测试任务的真实性,不应该对原文做任何标记,而应由考生自行选择错误进行纠正。该观点与样题初稿的设计思路相符,但是前期试测表明这种做法并不理想。

在小组访谈结束后,课题组对专家论证进行了深入探讨,认为以下意见和建议对完善该部分任务设计很有参考价值,可以考虑予以采纳:

1) 应进一步丰富样题中学生作文的写作要求,明确写作的目标读者。

2) 应根据所要考查的错误对学生作文进行适当加工[①]。

3) 个别错误不太明显,不应作为考查点,如标号为(2)的句子中的衔接问题。

4) 任务 2 答题指示过长,应适当简化,以免给考生理解带来困难。

5) 任务 3 作答长度限制不合理,与作文要求相比,80 词过长,建议不设长度限制。

5.3.4 样题第二次修订

根据小组访谈所收集的专家意见和建议,项目组对样题进行了第二次修订,形成的样题三稿如下:

Directions: Suppose you are Li Min, an English teacher in a senior high school, and below is an essay written by your student, Wang Lei. Read the essay and complete the following tasks in English. (60 minutes)

[①] 前文提到,为了确保任务的真实性,对所选学生作文不做任何调整。但与会专家表示,适当调整有利于突出所要考查的构念,同时也方便命题。

> *Some people say that schooldays are the happiest days of one's life. Do you agree? Write an essay of at least 100 words on the topic for your school newspaper. Give specific reasons and examples to support your view.*

Wang Lei's essay:

Nowadays, whether schooldays are the happiest days of one's life becomes a hot topic in society. (1) <u>Opinions are vary from person to person</u>. I think schooldays are the happiest days of my life.

Personally speaking, I can make a lot of friends in school. (2) <u>And the friendship with them is one of the most pureness relationships to me</u>. For example, all of my best friends are also my classmates in school. In addition, schooldays are the most free days of my life. (3) <u>There are only study and play in the school</u>. (4) <u>No stress from job</u>. No problems from society. (5) <u>Furthermore, it was the longest time that I spend with people who love me</u>. Not only friends but also parents. We share half of our time and almost all of our happiness and sadness with parents. It will become a precious memory when I grow up.

(6) <u>So, as for these reasons, I support that schooldays are the happiest days of my life</u>.

Task 1 Error Treatment

Detect, **explain** and **correct** the language error(s) in the numbered sentences (Note: Some sentences contain more than one error.).

Task 2 Commentary

Write Wang Lei your comments on her essay. In your comments, please

- point out merits of her essay,
- analyze major problems related to the development and

organization of her ideas,

- and offer suggestions for further improvements.

Task 3 Exemplary Writing

In the second paragraph, Wang Lei discussed her view from different perspectives. Select one perspective and write a paragraph yourself to demonstrate how to support the view that schooldays are the happiest days of one's life.

与上一稿相比，样题三稿从以下几个方面做出了调整：进一步明确了学生作文的写作要求；对原文表达进行了适当调整，凸显了所要考查的错误类型，同时从测试任务中删除了审题专家认为不太明显的错误以及意义表达不明确的地方①；简化了任务 2 的答题指示；取消任务 3 作答长度限制，并适当调整了答题指示，使考试构念更加明确。

5.3.5 测试专家判断结果与讨论

根据三位测试专家的反馈，样题三稿任务设计符合预期目标。下面，对三位专家做出的关键判断进行详细介绍。

在邮件回复中，专家 G 从测试内容的相关性和取样的充分性这两个角度对样题三稿给予了充分肯定。关于测试内容的相关性，他做出如下评价：

> The tasks seem ingenious and relevant to the purposes of the assessment and English writing instruction in China. （任务

---

① 例如，Furthermore, it was the longest time that I spend with people who live me. 这句话存在多处错误，包括代词错误和动词时态错误，同时意义表述也不够明确（live 是 love 笔误造成的，还是后面漏掉了 with？），这类错误应与学生交流后再提出修改建议。因此，为了避免误解学生原意，不对学生写作造成操控，特从测试任务中去除这类错误。

看起来新颖，符合测量目标，且与中国英语写作教学相关。）

对于取样的充分性，他同样给予了高度认可：

These three tasks seem to represent a good and realistic range of abilities, considering the time that would be available for testing and how much test-takers can produce within a couple of hours. I expect the tasks will provide a range perspective on teachers' English grammatical knowledge, writing, and pedagogical expertise.（这三个任务看起来能够测量广泛的能力且具有可行性，当然还需要考虑能够提供多长的答题时间以及在两个小时内考生能够提供多少产出。我认为，这些任务可以测出的能力包括教师的英语语法知识、写作能力以及教学技能。）

专家 H 和专家 I 也对测试任务的相关性和取样的充分性给予了充分肯定，均认为测试任务符合测量目标。两位老师还针对任务 2 和任务 3 发表了具体看法[1]。

在对任务 2 进行评价时，专家 I 对于从正面评价、存在的问题以及修改建议三个方面对考生的建构性反馈能力进行考查给予高度认可[2]。专家 H 则认为，任务 2 的考试要求可以更加开放[3]，不应提示评语的具体内容，她给出的理由是评语内容的全面与否也能够从一个侧面反映出考生反馈能力的高低[4]。但她也指出，如果在对考生教学能力进行认证的同时，还期望通过测试来提高

---

[1] 为方便阅读，下面将各位专家的原有表达以脚注的方式呈现。

[2] I like the three aspects (i.e., positive feedback, areas in need of improvement, and suggestions) that this task encourages the teacher to focus on when providing constructive feedback.

[3] Personally, I'd probably make it more open-ended.

[4] For me, the ability to structure your feedback at different levels and from different perspectives is, of itself, part of the construct under investigation.

教师的专业意识，使他们认识到有效反馈应涵盖的内容，那么现有的测试形式则具有合理性①。应该说，后面这一解读正符合中国英语教师专业能力测试开发的初衷。

在对任务 3 进行评价时，专家 H 表示，在三个任务中她个人最喜欢第三项，并指出期望学生完成的任务，教师自己也应该能够完成，同时她还认为，该任务能够在很大程度上反映出教师对写作任务性质的理解，同时在一定程度上可以反映出他们对好的作文的界定②。专家 I 也对任务 3 表示了认可③。

总之，三位专家对样题任务设计均给予了充分认可，他们做出的上述判断是对测试内容效度的有力支撑。

除了上述反馈，三位专家还针对个别细节提出了一些修改建议。例如，专家 G 认为，可以进一步提供与学生作文有关的信息，例如，该作文是在何种环境中完成的？是初稿还是二稿？④

此外，专家 G 还针对任务 1 平行任务的研制提出了具体建议。他表示，为了确保各平行任务之间在难度和考试内容上保持相对的一致性，可以尝试固定若干个每次必考的错误类型⑤。该建议可用于指导将来的试题库建设。

---

① We may use the test to raise teachers' awareness about different areas that effective feedback should/would cover. In this case, you can definitely argue for the current form of the test.

② I like the 3rd task most. I, too, believe that teachers should be able to do what they expect their students to be able to do. I think that would tell you much about their understanding of the nature of the writing task they (you, in this case) assign, and their definitions of good writing to some extent.

③ I like the idea that by providing feedback, the teacher is expected to model the way.

④ Would it be possible to add a bit more information in the Directions about the context of the essay that Wang Lei has written here? For example, was the essay written for a test, in-class or at home, first or second draft, for a course that emphasizes grammar, etc.?

⑤ I would suggest trying to have at least a core (of maybe 5?) set of categories of English grammar that are equivalent across parallel versions of the test. Featuring exactly the same items would be counter-productive, but using the same categories of grammar would help to ensure that the parallel versions of the Task are relatively equal in difficulty and in content.

前文提到，对于职业资格测试而言，内容效度可作为测试效度验证的主要证据形式，而内容的相关性和取样的充分性是支撑测试内容效度的两个重要方面。因此，三位专家做出的判断是支撑测试效度的有力证据。

5.3.6 样题第三次修订

结合测试专家提出的修改建议，本研究对样题三稿做了进一步完善，形成的样题终稿如下：

Directions：

Suppose you are Li Min, an English teacher in a senior high school, and you are teaching your students how to write an argument. As a homework assignment, you asked them to write an essay on the following topic.

Now, your student, Wang Lei, has submitted her first draft. Read her essay and provide her with your feedback by finishing the following tasks in English. (60 minutes)

Some people say that schooldays are the happiest days of one's life. Do you agree? Write an essay of at least 100 words on the topic for your school newspaper. Give specific reasons and examples to support your view.

Wang Lei's essay：

　　(1) Nowadays, whether schooldays are the happiest days of one's life become a hot topic in our society. (2) Opinions are vary from person to person. I think schooldays are the happiest days of my life.

　　First, I can make a lot of friends in the school. (3) And the friendship with them is one of the most pureness relationships to me. For example, all of my best friends are also my classmates in the school. In addition, schooldays are the most free days of my life. (4) There are only studying and playing in the school. (5) No

> stress from job. No problems from society. Furthermore, it was the longest time that I spend with people who live me. Not only friends but also parents. We share half of our time and almost all of our happiness and sadness with parents. (6) <u>That will become a precious memory when I grew up.</u>
> (7) <u>So, as for these reasons, I support that schooldays are the happiest days of my life.</u>

Task 1 Error Treatment

Detect, **explain** and **correct** the language error(s) in the numbered sentences. (Note: Some sentences contain more than one error.)

Task 2 Commentary

Write Wang Lei your comments on her essay. In your comments, please

- point out merits of her essay,
- analyze major problems related to the development and organization of her ideas,
- and offer suggestions for further improvements.

Task 3 Exemplary Writing

In the second paragraph, Wang Lei discussed her view from certain perspectives. Select one perspective and write a paragraph yourself to demonstrate how to support the view that schooldays are the happiest days of one's life.

本次修订进一步丰富了测试任务的情境特征，明确了样题作文所处的写作阶段，并替换了专家认为不够准确的个别表达。样题修改后,研究者再一次征求了专家 G 的意见,并得到了充分认可。应该说,经过三次修订后,样题的设计更加完善,能够实现对考生写作书面反馈能力的全面而充分的考查。

5.3.7 测试任务设计方案修订与讨论

根据上述实证研究中的发现,研究者对测试任务设计方案进行了调整,调整后的方案如表 5.2 所示。

表 5.2 英语教师写作书面反馈能力测试任务设计方案(修订稿)

考试任务	考试构念	任务数量	答题方式	答题指示用语	作答用语	作答长度要求	分值	答题时间
任务1:纠错	识别、解释和改正语言错误。	不限定	尾注、集中作答	英语	英语	不限	20分	暂定60分钟
任务2:写评语	指出作文优点,分析作者在论点的组织和展开方面存在的主要问题,并提出相应的修改建议。	1个	尾注、集中作答	英语	英语	不限	20分	
任务3:示范写作	针对学生作文中存在的突出问题进行示范写作。	1个	集中作答	英语	英语	不限	15分	

测试任务设计方案(修订稿)对任务 2 的考试构念进行了调整,明确规定需要从三个方面进行作答,这样既能充分考查所要测量的核心构念,也能够给职前教师提供指导,使他们对评语应涵盖的关键内容有清楚的认识。同时,新的任务设计方案还调整了任务 1 的答题方式,并取消了任务 3 的答题长度限制。与最初的设计方案相比,新版方案更加可行。

本研究设计的 3 项测试任务具有创新性。在纠错能力考查方面,本研究同时考查了直接纠错和间接纠错能力,对纠错能力的考查更加全面和充分。就具体任务形式而言，Praxis-ESOL、ELTeach 和 TKT 均不同程度地采用了选择题的形式；与这些考试不同，本研究全部采用直接测量的方式。与 TKT 和 LPATE 不同，本研究将出现错误的整个句子进行了标注，而不是仅仅标明出错的具体位置，这样更有利于测量考生对错误的识别能力。在现有的几项考试中，只有我国英语教师资格考试涉及对学生作文的评价，但它对撰写评语能力的考查并不充分。相比之下，本研究设计的测试任务从正面评价、负面评价和提供修改建议三个角度对该能力进行了全面考查，能够提供更多有关该能力的有效信息。此外，本研究提出应同时考查考生的示范写作能力，并设计了相应的测试任务，这一点有助于深化对写作书面反馈能力的考查。总体而言，与现有的职前英语教师资格测试相比，本研究设计的三项测试任务对写作书面反馈能力的考查更加全面和充分。

作为一项行为测试，写作书面反馈能力测试任务的开发是一项非常复杂的工作。上述研究证实，从试测、小组访谈和测试专家判断三个环节入手，能够有效收集关键信息，实现对样题的逐步完善。这一做法同样可以应用到中国英语教师专业能力测试其他任务的开发中，同时也可以给其他职业资格测试任务开发提供可资借鉴的途径。

另外，研究表明，对于职业资格测试而言，完全保留目标任务特征的做法并不一定可取。在测试任务开发过程中，一方面要尽量确保任务的真实性，另一方面还要考虑测试任务能否有效引导考生在作答中充分展示出所要考查的关键能力。也就是说，测试开发者需要通过适当控制测试任务特征来实现对关键能力的合理和充分取样。另外，胜任某一职业可能需要多种能力。然而，对所有的相关能力都进行取样并不现实。因此，在设计测试任务时应当进行合理取舍，保留完成某项工作所需要的核心技能，这样能够使测量目标更加集中,同时也更容易控制考生的作答行为。

总之,开发职业资格测试,必须设计和遵循严格的任务开发程序,只有这样才能够给用人单位的人才选拔提供有效参考。

5.4 本章小结

根据前期对目标任务的描述,本章首先提出了测试任务设计方案,并开发了相应的考试样题。然后,结合试测、小组访谈和测试专家判断对样题进行了三次修订。修订后,考试情境特征更加丰富,任务1和任务2对所测能力的考查更加充分,任务3的答题指示也更加明确。

整体来看,样题对目标范围中的重要任务均进行了合理取样,而且三名测试专家对测试内容的相关性和取样的充分性均给予了高度认可,这充分证明样题具有较高的内容效度。

总之,与现有的几项英语教师资格考试相比,新的测试任务设计能够更加全面地反映所测构念,同时通过采用直接测量的方式,也更能真实、有效地测量出英语教师的写作书面反馈能力。

第 6 章 评分方案的设计与完善

本章主要回答第三个研究问题，即评分方案是否具有可操作性。评分方案是影响评分效度的主要因素之一。因此，设计和完善评分方案是测试开发过程中需要完成的又一项核心工作。鉴于此，本章将对英语教师写作书面反馈能力测试评分方案的开发进行介绍，以便为评分的可靠性提供支撑。

6.1 评分方案的初步设计

6.1.1 任务 1 评分方案

任务 1 要求考生识别、解释和改正学生作文中的错误。该任务涵盖的 10 处语言错误均属于我国高中生英语写作中常见的错误类型。由于对错误的识别主要是通过对错误的解释来得以体现的，因此评分的观测点是对错误的解释和改正。前文提到，对错误进行解释是一种常见的间接纠错方法，而改正错误属于直接纠错，为了能够有效地反映出考生的这两种纠错能力，本测评将对解释和改正错误这两个环节进行分别赋分，且保持相同的分数比重。

前一个环节重在考查对错误的解释能力，因此在不影响理解的前提下，考生自身的语言表达错误不作为评分参考；后一个环节考查考生是否能够提供正确的修改方案，因此如果其修改方案中出现新的语言表达问题，将视为没有完成测试任务。

此外，由于对错误解释的显性程度不一，有时可以在对错的解释中提供相应的改正方案，在这种情况下可视为同时完成了解释和改正这两项任务，这一点需要在评分原则中进行说明。再者，每个错误并非只有唯一的改正方案，因此在设计评分细则时仅提供参考答案，并同时要求评分员根据个人的专业知识来对考生作答进行评价，这要求评分员必须具备相应的专业素养。

结合上述讨论，在充分论证的基础上形成了任务1的评分原则和评分细则。具体如下：

（一）评分原则

（1）评分时应关注考生对错误进行的解释及其提供的修改方案，并分别给分。

（2）评判考生对错误进行的解释时，应重点考查对错误的认识，不考查语法术语的使用，只要解释清楚即可得分。在不影响理解的情况下，考生自身的语言表达错误不作为评判的观测点，但是，如果造成理解困难则不给分。

（3）当考生所提供的修改方案与评分细则中提供的修改方案不一致时，评分员应结合自己的专业知识来对其做出准确性判断。

（4）如果考生所提供的修改方案中出现新的语言表达错误，则不给分。另有说明的情况除外。

（5）如果考生在对错误进行解释的过程中提供了正确的修改方案，则应视为完成了错误改正任务。

（6）如果考生在改正中，避开了原文中存在的错误表达，用新的表达方式正确传达了原文的含义，应视为完成了改正任务。

（二）评分细则[①]

（1）该题2分。

错误：主谓不一致（1分）。

[①] 细则中提供的修改方案均经过3名以英语为母语者的验证，其中一名为美国麻省大学阅读与写作中心的教师。

改正：将 become 改为 becomes（1 分）。

（2）该题 2 分。

错误：are 多余，或者 vary 词类错误（1 分）。

改正：去掉 are，或者将 vary 改为 varied（1 分）。

（3）该题 2 分。

错误：pureness 词类错误（1 分）[①]。

改正：the most pureness 改为 the purest（1 分）。

（4）该题 4 分。

错误：主谓不一致（1 分）；定冠词使用错误（1 分）。

改正：are 改为 is（1 分）；去掉 the（1 分）。

（5）该题 4 分。

错误：片段句（1 分）；名词单复数用法错误（1 分）。

改正：<u>There is</u> no stress from <u>jobs</u>。（可有多种修改方案，结构补充完整得 1 分，将 job 改为 jobs 得 1 分）

（6）该题 2 分。

错误：动词时态错误（1 分）。

改正：grew 改为 grow（1 分）。

（7）该题 4 分。

错误：连词错误（1 分）；用词不当（1 分）。

改正：as for 改为 for（1 分）；support 改为 believe（1 分）。

为了评分方便，在实际操作中应根据以上评分点设计详细的机助评分界面。如有需要，还可以在考试结束后根据每个错误的难度来设定各个评分点的分值比重，然后再进行相应的分数转换，这样若考生能够正确修改难度系数高的错误，就可以得到更高的分数。

[①] 形容词最高级错误可能是由于词类有误造成的，故此处不作为评分点。

6.1.2 任务 2 评分方案

按照测试任务设计方案,任务 2 要求考生对学生作文进行恰当评价,并提供相应的修改建议。根据第 4 章有关论述,教师在写评语时要遵循一定的原则。例如,对学生作文的正面评价即表扬,要做到与实际情况相符;评语要结合学生的写作目的,不能擅自改变学生的原有意图;评语要尽量具体,即要针对作文细节展开,而不是泛泛而谈;评语所用语言要利于学生理解。这些原则均是评分方案制定中需要考虑的因素。

在上述因素中,能否准确阐述学生作文中存在的主要问题并提供合理的修改建议是决定任课教师能否有效指导学生修改作文的关键,因此也是评分的重点。在基于过程的写作教学中,教师在给学生作文提供反馈时,并非需要一次性指出作文中出现的所有问题,而是可以有针对性地进行选择。费里斯和赫奇科克(Ferris & Hedgcock,2005)在他们提出的点评建议中,更是明确提倡选择两到四个需要优先考虑的反馈点进行点评。同时,在反馈时还要确保评语有具体的指向性,避免使用过于笼统的评价,例如,类似"内容空洞""观点不明确""结构不合理"等概括性的表述并不能够真正给作文修改提供有效参考,在使用这类表述的同时应该进一步对问题做出详细描述。

此外,表扬作文的优点一方面是为了保持学生写作的积极性,另一方面是为了让学生清楚自己写作的长处,以便在后续写作中能够继续保持。因此,对学生作文提出的表扬要名副其实,否则会对后续写作造成不良的影响,这是从该方面评价考生作答的关键。

影响评语有效性的另外一个因素是任课教师的评价用语。教师在评价中所用的语言要具有可理解性,因为只有当学生准确地理解了评语的内容,他们才有可能按照教师的提示对作文进行相应的修改。此外,考生在作答时还需考虑评语的目标读者即作文的作者,在评价中要能够恰当地和目标读者进行交流。总之,考生作答是否能够有效满足上面两个条件亦作为评分的测试点。为了方便,将这两个方面分别称作可理解性和读者意识。

根据以上论述,研究者决定从正面评价、评价用语以及问题阐述和修改建议三个方面对考生作答进行评分,并根据每部分作答的特点设计不同的评分方式,同时根据作答难度及重要程度设定不同的分数比重,具体如表 6.1 所示。

表 6.1 任务 2 各维度的评分方式和分数比重

评分维度		评分方式		分数比重
维度一	正面评价	正误判断	准确性	2 分
维度二	评价用语	正误判断	可理解性	2 分
			读者意识	1 分
维度三	问题阐述和修改建议	整体评分		15 分

根据表 6.1,对于正面评价和评价用语这两个维度而言,评分员只需做出相应的判断即可。需要指出的是,在对可理解性进行判断时,作答中的语言错误不作为评判的依据,但是如果造成严重理解困难则不给分。

考生对学生作文中的主要问题进行的阐述以及提供的相应修改建议是确保评语有效性的关键,故所占的分数比重最大,同时评分也最为复杂。对该维度进行评分时将采用整体评分法。

为了方便评分,设计了相应的评分表(见表 6.2)。如果采用计算机辅助评分,则可以按照表中的顺序分界面呈现,每次呈现一个维度,这样利于控制评分行为。

表 6.2　任务 2 评分表

评分维度		得分
维度一：正面评价		
维度二：评价用语	可理解性	
	读者意识	
维度三：问题阐述和修改建议		
总分		

结合上述内容，本测试在充分讨论的基础上形成了任务 2 各维度的评分原则、评分标准和评分细则，详细情况如下：

（一）评分原则

（1）评分细则中列出的学生作文优点仅供参考。对维度一进行评分时，评分员应事先仔细阅读学生作文，然后结合个人专业能力对考生作答进行准确性判断。

（2）维度三要求对作者论点的组织和展开进行评价，故语言问题不是评价的重点。

（3）对维度三进行评分时，应首先根据考生是否能够指出主要问题来初步确定等级。

（4）如果考生在作答中提及主要问题之外的其他问题，评分员应结合个人对作文的理解进行准确性判断。

（二）评分标准

维度一：正面评价
● 准确性：能准确指出作文优点，得 2 分；能准确指出作文优点，但个别论述存在名不符实的地方，得 1 分；未能准确指出作文的任何优点，不得分。

维度二：评价用语
● 可理解性：易于理解，得 2 分；出现个别表意不够清楚的地方但不影响整体理解，得 1 分；出现严重理解困难，不得分。
● 读者意识：与目标读者之间有恰当的交流，得 1 分；否则，不得分。

续表

维度三：问题阐述和修改建议	
一等（13—15分）	● 能准确指出作文中存在的主要问题； ● 对问题的描述有具体的针对性； ● 修改建议具体，能有效提高作文质量。
二等（10—12分）	● 能准确指出作文中存在的主要问题； ● 对问题的描述不够具体； ● 修改建议对作文质量的提高较有参考价值。
三等（7—9分）	● 能指出作文中存在的一些问题，但对主要问题缺乏认识；或者评价过于笼统（类似"内容空洞""结构不合理"之类的表达），缺乏实际指导意义； ● 修改建议对作文质量的提高有一定的参考价值。
四等（4—6分）	● 对问题的阐述有一定的合理性，但未涉及主要问题； ● 修改建议对作文质量的提高稍有帮助。
五等（1—3分）	● 对作文中存在的问题缺乏清楚的认识； ● 修改建议没有参考价值。
0分：未作答或未能指出作文中存在的任何问题。	

（三）评分细则

（1）该作文存在以下主要优点：立场明确、整体结构清晰、较恰当地使用了一些衔接词。

（2）在论点的组织和展开方面存在以下主要问题：

A. 在阐述第一个论点时，所举的例子起不到有效的支撑作用。

B. 在阐述第二个论点时，有关"学校仅有学习和玩耍"的论断过于武断。

C. 第三个论点本身表述不够清楚，论述缺乏逻辑性，不能有效地支撑作者立场。

6.1.3 任务 3 评分方案

根据答题指示，任务 3 要求考生选取学生作文中的某一论点，然后撰写一段话来对这一论点进行论述，以便对学生的立场提供支撑。该任务的目的在于检测考生是否能够有效地给学生提供写作示范，教给他们如何有效地论述个人观点，以便从直观上加深他们对英语写作的认识。评分时将从整体上考查考生作答的有效性，并重点关注论述是否充分、条理是否清楚以及语言表达是否规范。

结合上述内容，本研究在充分讨论的基础上形成了任务 3 的评分原则、评分标准和评分细则，详细情况如下：

（一）评分原则

（1）应首先根据论述是否充分、条理是否清楚来确定分数等级，然后根据语言表达是否规范进一步确定具体分数或进行降级处理。

（2）如果出现语言表达错误，不得给满分。

（二）评分标准

一等（13—15 分）	论述充分；条理清楚；语言表达规范。
二等（10—12 分）	论述较有说服力；条理较清楚；语言表达较规范。
三等（7—9 分）	论述有一定说服力；条理基本清楚；语言表达错误较多。
四等（4—6 分）	论述有一定的合理性；能勉强看出整体思路；语言表达错误较多。
五等（1—3 分）	论述缺乏合理性；思路不清楚；语言表达错误较多。
0 分：未作答或作答无效。	

（三）评分细则

（1）前两个等级对语言表达的要求如下：

A. 一等：有一到二处语言表达错误，但不影响理解。

B. 二等：有三到四处语言表达错误，但不影响理解。

（2）有五处及以上语言表达错误，最高定为三等。

6.2 评分方案第一次验证

6.2.1 研究设计

6.2.1.1 研究目的

为了对评分方案初稿进行验证,组织了第二次试测,以便通过第一次试评来探讨评分方案的合理性以及评分员在评分过程中可能遇到的困难。在评分前未对评分员进行任何培训,仅要求他们仔细阅读评分原则、评分标准和评分细则,这样做的目的是为了了解他们能够在多大程度上准确解读和执行评分方案,并根据他们在评分过程中遇到的困难以及对评分方案的执行情况,来探索评分员培训中应重点关注的内容。

6.2.1.2 试测对象

天津市某高校外国语言学及应用语言学方向的 33 名硕士研究生应邀参加了此次试测。其中,有 19 名同学已经获得国家颁发的高中英语教师资格证书,其余同学绝大多数表示目前正在备考。

6.2.1.3 评分员

表 6.3 评分员信息

评分员	职称	学位	教龄	大规模英语考试评分经历
评分员 1	副教授	博士	13 年	有
评分员 2	副教授	博士	28 年	有
评分员 3	副教授	在读博士	13 年	有
评分员 4	讲师	博士	8 年	有
评分员 5	—	在读博士	2 年	有

如表 6.3 所示,5 名评分员均为博士或在读博士,都参加过大规模英语考试的评分工作。其中,有 3 名具有副教授职称,且教龄均在 10 年以上。评分员 5 虽然教龄较短,但为语言测试方面

的在读博士,并对写作测试有一定的研究。应该说,5 名评分员的基本条件能够满足此次评分的需要。

6.2.1.4 数据收集

由于任务 1 评分细则中的"提供修改方案"一项已经得到了以英语为母语者的认可,无须通过评分来验证,而且该部分不涉及评分标准的使用,因此,不需要进行评分一致性验证。故仅邀请评分员 1 对该任务作答这一项进行评分,以了解评分过程中可能遇到的困难。评分结束后,通过口头访谈邀请评分员 1 对任务 1 评分过程中遇到的困难进行了描述,并对任务 1 评分方案的可操作性进行了评价。

围绕任务 2 和任务 3 评分方案进行的研究,依据的数据首先是 5 名评分员分别给出的分数,这部分数据用于定量分析,以便对评分员间的一致性进行验证。

为了收集评分反馈以详细了解评分员对任务 2 和任务 3 评分方案的解读情况,研究者设计了相应的调查问卷。问卷请评分员从评分原则是否合理、评分细则是否具有可操作性、评分标准与测试任务要求是否一致、描述语是否清楚、分档是否恰当等方面对任务 2 和任务 3 评分方案分别进行评价。各评分员均认真完成了评分任务,并填写了调查问卷。

此外,研究者还设计了任务 2 和任务 3 评分记录表,要求评分员详细记录赋分依据。这部分数据有助于了解评分员在评分过程中遇到的困难,以及他们是否关注了考试构念之外的其他能力。同时,观察评分员的赋分依据还有利于修订和完善评分方案。

总之,该部分研究采用定量和定性手段相结合的方法,定量研究的数据是 5 名评分员给出的分数,定性研究的数据是通过访谈和问卷调查收集的评分员反馈信息,以及通过评分记录表收集的赋分依据。

6.2.2 结果与讨论

6.2.2.1 任务1评分结果与讨论

对任务1评分结果进行统计后发现,33名参加试测的考生中,最低分为0分,最高分为13分,均值为7.30分,标准差为3.468,这说明整体分数偏低。

评分员1对任务1的评分方案给予了高度认可。她表示,"任务1评分方案较为合理,评分原则考虑周全,能够对评分过程给予明确的指导,评分细则可操作性强。"在论述评分困难时,她提到,"当考生提供的修改方案与评分细则不一致时,比较容易对其进行准确性判断。唯一感到遗憾的是,考生对 the most pureness 的处理上,有的考生将 pureness 改成了 purest,但是没有去掉 most 一词,不知道是由于疏忽还是因为的确没有掌握 pure 的最高级用法。"对此,她进一步表示,"不管是由于哪种原因,不给分都是合情合理。"

关于考生的作答情况,评分员1表示,"考生得分低的主要原因是不能准确识别出作文中的错误,一旦考生能够识别出存在问题的地方,多数情况下能够提供正确的修改方案。"可见,任务1的考试设计调整后,并没有影响对错误识别能力的考查。

评分员1还对高中英语教师的储备情况表示了担忧,她提到,"这些考生的纠错能力普遍偏低,说明他们的英语基本功较差。一名已经拥有高中英语教师资格证书的考生竟然得了0分,这种情况着实令人担忧。"这在一定程度上反映出,我国职前高中英语教师的纠错能力并不理想。

从上述发现可以看出,我国职前高中英语教师的英语作文纠错能力亟需提高,这一点与第一次试测收集的考生反馈相吻合。这说明,在职前英语教师教育中,应加大对英语语言基本功的培养,同时还需要有意识地培养和训练职前教师的错误识别和纠正能力，以便为今后从事英语写作教学打下良好的基础。

6.2.2.2 任务 2 评分结果与讨论

6.2.2.2.1 评分的一致性

对任务 2 评分情况进行统计分析后得出，Cronbach's Alpha 值[①]为 0.862，说明 5 名评分员间整体一致性较高[②]。但从均值看（见表 6.4），评分的宽严标准出现一定程度的差异，评分尺度最严格的是评分员 5，均值为 8.94，最宽松的是评分员 4，均值为 12.09。

表 6.4　任务 2 评分结果描述性统计量（第一次试评）

评分员	N	极小值	极大值	均值	标准差
评分员 1	33	5	16	10.91	3.253
评分员 2	33	5	18	11.55	3.849
评分员 3	33	6	19	10.94	3.445
评分员 4	33	5	17	12.09	3.413
评分员 5	33	1	16	8.94	3.230

单因素方差分析显示，各评分员均值之间出现显著差异（$F = 3.947$，$df1 = 4$，$df2 = 160$，$p < 0.05$）。进一步做 Pearson 相关性[③]检验发现，评分员评分结果间虽然显著相关，但是相关系数整体偏低，最低为 0.440，最高为 0.745（见表 6.5）。这说明各评分员间的一致性还有待提高。

表 6.5　5 名评分员评分结果之间的相关性（任务 2，第一次试评）

评分员		评分员 1	评分员 2	评分员 3	评分员 4	评分员 5
评分员 1	Pearson 相关性	1				
	显著性（双侧）					
评分员 2	Pearson 相关性	.473**	1			
	显著性（双侧）	.005				

[①] Cronbach's Alpha 值：克伦巴赫 α 系数。
[②] 本研究使用的统计分析软件为 SPSS 19.0。
[③] Pearson 相关性：皮尔逊相关性。

续表

	评分员	评分员1	评分员2	评分员3	评分员4	评分员5
评分员3	Pearson 相关性	.532**	.559**	1		
	显著性（双侧）	.001	.001			
评分员4	Pearson 相关性	.440*	.745**	.614**	1	
	显著性（双侧）	.010	.000	.000		
评分员5	Pearson 相关性	.654**	.525**	.455**	.562**	1
	显著性（双侧）	.000	.002	.008	.001	
**. 在.01 水平（双侧）上显著相关。						
*. 在 0.05 水平（双侧）上显著相关。						

任务2分三个维度进行评分。前两个维度仅要求评分员进行简单的判断，且每个维度的分值比重较小，分值可变区间不大，如果在评分前进行适当的评分员培训，则可以最大化地降低该部分评分误差[①]。因此，本研究不再对前两个维度的评分情况进行一致性统计分析，而将重点关注维度三评分的一致性，以及该维度评分过程中出现的问题。

对维度三评分结果进行统计分析后得出 Cronbach's Alpha 值为 0.866，说明整体一致性较高。但是，描述性统计显示，5 名评分员的均值出现了一定程度的偏差，最高为 8.18，最低为 5.45，最高和最低相差 2.73（见表 6.6）。

表 6.6 任务 2 维度三评分结果描述性统计量（第一次试评）

评分员	N	极小值	极大值	均值	标准差
评分员1	33	3	13	7.30	2.663
评分员2	33	2	13	7.88	3.080
评分员3	33	2	14	6.27	3.329
评分员4	33	3	12	8.18	2.506
评分员5	33	1	11	5.45	2.279

---

① 经观察，仅个别评分员在对正面评价和读者意识进行判断时偶尔出现偏差。

单因素方差分析显示，各评分员评分结果均值之间存在显著差异（F = 5.457，df1 = 4，df2 = 160，p < 0.05）。Pearson 相关性检验显示，虽然评分员评分结果间均在 0.01 水平上显著相关，但相关系数整体偏低（见表 6.7）。

表 6.7　5 名评分员评分结果之间的相关性（维度三，第一次试评）

评分员		评分员 1	评分员 2	评分员 3	评分员 4	评分员 5
评分员 1	Pearson 相关性	1				
	显著性（双侧）					
评分员 2	Pearson 相关性	.458**	1			
	显著性（双侧）	.007				
评分员 3	Pearson 相关性	.604**	.552**	1		
	显著性（双侧）	.000	.001			
评分员 4	Pearson 相关性	.567**	.708**	.653**	1	
	显著性（双侧）	.001	.000	.000		
评分员 5	Pearson 相关性	.605**	.529**	.486**	.625**	1
	显著性（双侧）	.000	.002	.004	.000	
**. 在 .01 水平（双侧）上显著相关。						

为了查找问题的原因，以便为将来评分员培训提供参考，研究者对各个评分员的赋分依据进行了详细研究，发现各评分员在对考生作答进行解读以及执行评分方案时出现了不同程度的偏差。

以编号为 T3 的考生为例，5 名评分员依次给出的分数分别为 10、5、9、11 和 7，最高分和最低分相差 6 分。各位评分员给出的赋分依据如表 6.8 所示。评分员 1 和评分员 3 对考生作答的认识较为全面，所给分数也基本一致。从表面上看，评分员 2 在执行评分方案时最为严格。事实上，该评分员在解读描述语时遇到了困惑，他在填写问卷时表示"在衡量修改建议较有价值、有一定价值、稍有帮助这三个层次上感觉不好评判"。这说明，本测试要么需要进一步调整描述语，要么需要在评分员培训时对这几个描述语进行详细解读。评分员 4 和评分员 5 对考生提出的修改建议认识不够全面。此外，评分员 4 提供的赋分依据和所给的分数显然不相符。根据其描述，该作答应该属于"三等"，但是他给出的分数却属于"二等"，这说明该评分员在执行评分方案时尺度过于宽松，这一判断在阅读该评分员针对其他考生作答提供的赋分依据后得到了证实，正是这一原因导致其所给分数的均值最高。相比之下，评分员 3 和评分员 5 在执行评分方案时尺度相对严格。

表 6.8　T3 维度三赋分依据

评分员	赋分依据
评分员 1	指出了逻辑不清，论据和举例不充分、不恰当。
评分员 2	问题阐述有一定的合理性，但未涉及主要问题；修改建议对作文质量的提高稍有帮助。
评分员 3	给出的宏观建议涉及文章结构、逻辑和内容。
评分员 4	指出作文结构较好，观点阐述较为清晰，但在某些段落存在逻辑错误，个别地方存在语法错误，但给出的建议太过于空泛，比如要多练，未能给出具体的改进提升和练习措施。
评分员 5	评语有些表述过于重复，层次不清晰，此外评价方面的内容也是主要指出了语法错误，忽略了其他方面的问题。

另外，测试任务要求考生从作者论点的组织和展开方面对作文中存在的主要问题进行阐述，因此评分原则规定，语言错误不是要考查的主要问题。然而，有的评分员（如评分员 2）在评分时将语言错误视为要考查的主要问题，这一点需要在修改评分方案时予以考虑。

6.2.2.2.2　评分反馈

问卷调查显示，5 名评分员均认为评分原则较为合理，评分细则具有可操作性，评分标准能够全面涵盖测试任务要求。同时，他们也针对评分方案中存在的问题提供了一些具体反馈，经研究，以下反馈可供参考：

（1）在维度二评价交际性时，不太明确"与读者有恰当交流"中何为恰当方式。

（2）对于把握存在的问题，这里是否应该考虑问题的全面性，毕竟提高写作能力是多维度的。

（3）维度三中的"评价缺乏实际指导意义"与"修改建议对于作文质量的提高有一定的参考价值"，两者表述矛盾。

（4）"对问题的描述有具体的针对性"表意不清楚。

（5）"对主要问题缺乏认识"表述较为模糊。

（6）三等和四等的第一句描述语不好区分。

上述反馈显示，任务2评分标准中的个别描述语不够清楚，需要做进一步调整，同时能否全面把握作文中存在的主要问题也应作为评分时的主要参考。

6.2.2.2.3 评分方案的修订

根据以上反馈以及对评分员赋分依据的研究，在保持评分原则和评分细则不变的前提下，项目组对任务2评分标准进行了修订。

首先，将"正面评价"和"评价用语"两个维度的描述语做了调整，调整后的描述语更加清楚易懂。例如，原标准中的"出现个别表意不够清楚的地方但不影响整体理解"经调整后改为"个别地方出现理解困难"，修改后的描述语更加简洁。

其次，在对第三个维度的描述语进行调整时，考虑了对作文主要问题把握的全面程度。例如，原标准中的第一条描述语为"能准确指出作文中存在的主要问题"，经调整后改为"能明确指出作文在组织和展开论点方面存在的两处及以上主要问题，并结合具体细节对问题进行了阐述"。同时，还考虑了各档之间的区分度。总之，将描述语调整后，各档更容易区分，也更加有利于控制评分行为。

调整后的任务2评分标准如下：

维度一：正面评价	
● 准确性：能准确指出作文优点，得 2 分；能指出作文优点，但存在不准确之处，得 1 分；未能准确指出作文的任何优点，不得分。	
维度二：评价用语	
● 可理解性：没有理解困难，得 2 分；个别地方出现理解困难，得 1 分；难以理解，未能有效传递信息，不得分。 ● 读者意识：有明确的读者意识，得 1 分；否则，不得分。	
维度三：问题阐述和修改建议	
一等（13—15 分）	● 能明确指出作文在组织和展开论点方面存在的两处及以上主要问题，并结合具体细节对问题进行了阐述； ● 修改建议具体，能全面提高作文质量。
二等（10—12 分）	● 能明确指出作文在组织和展开论点方面存在的一处主要问题，并结合具体细节对问题进行了阐述； ● 修改建议具体，能有效提高作文质量。
三等（7—9 分）	● 能笼统指出作文在组织和展开论点方面存在的主要问题，但未进行详细阐述； ● 修改建议对作文质量的提高较有参考价值。
四等（4—6 分）	● 未能指出作文在组织和展开论点方面存在的主要问题，但指出了其他问题； ● 修改建议能在一定程度上提高作文质量。
五等（1—3 分）	● 对作文中存在的问题缺乏清楚的认识； ● 修改建议没有参考价值。
0 分：未作答或作答无效。	

6.2.2.3 任务 3 评分结果与讨论

6.2.2.3.1 评分的一致性

对任务 3 评分结果进行统计分析后得出 Cronbach's Alpha 值为 0.852，说明整体一致性较高。但是，描述性统计显示，5 名评分员的均值同样出现了一定程度的偏差，最高为 7.73，最低为 5.03，最高和最低相差 2.70（见表 6.9）。

单因素方差分析显示，各评分员均值之间存在显著差异（F = 2.494，df1 = 4，df2 = 160，$p < 0.05$）。Pearson 相关性检验显示，

评分员评分结果间虽显著相关，但相关系数整体偏低，其中评分员 2 与其他评分员间的一致性最差（见表 6.10）。

表 6.9　任务 3 评分结果描述性统计量（第一次试评）

评分员	N	极小值	极大值	均值	标准差
评分员 1	33	1	13	6.79	3.343
评分员 2	33	1	14	7.61	3.724
评分员 3	33	0	14	7.21	5.104
评分员 4	33	0	14	7.73	4.102
评分员 5	33	0	13	5.03	3.349

表 6.10　5 名评分员评分结果之间的相关性（任务 3，第一次试评）

评分员		评分员 1	评分员 2	评分员 3	评分员 4	评分员 5
评分员 1	Pearson 相关性	1				
	显著性（双侧）					
评分员 2	Pearson 相关性	.435*	1			
	显著性（双侧）	.011				
评分员 3	Pearson 相关性	.635**	.601**	1		
	显著性（双侧）	.000	.000			
评分员 4	Pearson 相关性	.707**	.355*	.540**	1	
	显著性（双侧）	.000	.043	.001		
评分员 5	Pearson 相关性	.626**	.429*	.513**	.694**	1
	显著性（双侧）	.000	.013	.002	.000	
*. 在 0.05 水平（双侧）上显著相关。						
**. 在 .01 水平（双侧）上显著相关。						

经观察，5 名评分员间的评分差异主要体现在对无效作答卷的处理上（见表 6.11）。根据任务 3 答题指示，考生应从学生作文中选取一个视角，通过示范写作来向学生展示如何能够对自己的立场进行阐述。因此，不符合上述要求的作答应视为没有完成考试任务，为无效作答。在对这些无效作答卷进行处理时，评分员 3 做出的评分决策最为稳定，均给了 0 分。其他评分员均表现出

不同程度的不稳定性,其中评分员 2 和评分员 4 所给分数的偏差最大。这充分说明,除评分员 3 外,其余 4 名评分员未能严格执行评分方案。

表 6.11　5 名评分员对任务 3 无效作答卷的处理

考生	评分员 1	评分员 2	评分员 3	评分员 4	评分员 5
T11	7	3	0	11	9
T15	6	2	0	12	10
T20	6	3	0	13	2
T23	1	10	0	1	1
T31	1	12	0	2	2
T33	3	10	0	3	3

出现上述结果的一个原因是任务 3 评分细则中没有列出无效作答的情况。虽然答题指示中对考生的作答行为进行了明确限定,但是有的评分员显然并没有认真解读答题指示,导致对某些无效作答处理不当。因此,对于哪些情况属于无效作答,应该在评分细则中进行明确说明,同时在评分员培训时进行集中说明。

6.2.2.3.2　评分反馈

针对任务 3 评分方案,5 名评分员均提出了各自的意见或建议,经研究,以下反馈可在评分方案的修改过程中作为参考:

(1) 文章篇幅过于简短却基本没有语言错误,如何处理?

(2) 符合题目要求,但是文字叙述较少,可不可以按照论述是否充分来论断?

(3) 描述语不够详细,会出现分档困难。

(4) 题目未规定行文字数限制,因此对语言错误的限制不够合理。

(5) 考生在答题时时间有限,需要在限定时间之内完成一个论点的论述,在这种情况下,在语言表达方面略有失误是比较正常的。有的文章可能写得很好,但就是犯了 3 个不太重要的语法错误,这样放到 2 档就可惜了。这也许不能客观反映教师的真实写作水平。在真实情况下,教师可以先把范文写完,自己再看几遍、修改一下,而在考场中可能没有此条件。语法错误的数量和定档的关系应该可以稍微放宽一些。

上述反馈显示,任务 3 评分标准的分档情况并不理想,同时评分细则中对语言错误数量的限定并不合理。因此,在修订时应该对评分原则、评分标准中的描述语以及评分细则进行必要的调整。

6.2.2.3.3 评分方案的修订

根据以上反馈以及对赋分情况的研究,研究者对任务 3 评分方案进行了修订。

首先,在评分原则中对如何处理论点不明确的情况做了具体规定,并对如何处理作答过短的情况做了说明。

其次,将原有的"论述是否充分"和"条理是否清楚"两个维度进行了合并,并重新撰写了描述语。同时,考虑了行文的连贯性和语篇衔接的恰当性。

最后,将评分细则中有关语言错误的描述进行了调整,不再将语言错误数量与写作等级挂钩。同时,在细则中明确了哪些情况属于无效作答,以及其他未按要求作答情况的处理意见。

修订后的任务 3 评分方案具体如下:

(一)评分原则

(1)论点明确是对该任务作答的基本要求。如果论点不明确,应直接定为五等。

(2)评分时,优先考虑论述的充分性,并根据观点论述情况初步确定等级,然后根据其他两项酌情给分,或进一步考虑是否需要降档。

(3)作答长度不是评分依据,但是如果过短,则需要考虑是否影响了论述的充分性。

（二）评分标准

一等 （13—15分）	• 思路清晰，能对论点展开充分讨论，论据能够对论点进行有力支撑； • 行文连贯，衔接得当； • 语言表达流畅，仅存在个别语言错误，且不影响理解。
二等 （10—12分）	• 思路较清晰，能对论点展开较为充分的讨论，论据较有说服力； • 行文较连贯，仅有个别地方缺少衔接； • 语言表达较流畅，存在少量语言错误，但不影响理解。
三等 （7—9分）	• 思路基本清晰，论述有一定的说服力，但不够充分； • 行文基本连贯，但有些地方缺少衔接； • 语言表达基本通顺，虽有多处语言错误，但不影响理解。
四等 （4—6分）	• 论述存在一定的合理性，但整体思路混乱； • 个别地方使用了衔接手段； • 语言错误较多，对理解造成一定的困难。
五等 （1—3分）	• 论述不合理； • 行文混乱； • 语言错误多，难以理解。
0分：未作答或无效作答。	

（三）评分细则

（1）如果出现语言表达错误，不得给满分。

（2）论述角度并非来自学生作文，或未按要求针对其中一个视角进行讨论，均视为无效作答。

（3）任务3要求的是段落写作，如果考生在作答中进行了分段，应扣掉2分。

6.2.2.4 评分员培训应涵盖的内容

应该说，对评分方案进行准确解读是确保评分员间评分一致性的关键。第一次试评前，未对评分员进行任何培训，其中一个目的是了解评分员对评分标准的解读情况。事实证明，评分员对评分方案的解读和执行情况并不理想。因此，结合第一次试评中出现的问题，本节将明确任务 2 和任务 3 评分方案解读中应重点关注的内容，以便为评分员培训做好准备。

6.2.2.4.1 任务 2 评分方案解读

结合任务 2 第一次试评情况，研究者认为，针对任务 2 进行评分员培训时应对评分方案进行以下解读：

（1）对任务 2 评分时，应先通读一遍学生作文，然后分维度找得分点。

（2）应注意有些考生可能没有在作答开头指出作文的优点，有些考生可能在中间或结尾处提及。另外，表扬学生的优点不一定非要使用 merit（优点）一词。

（3）考生的语言表达不作为评分的依据，但如果造成理解困难，则应按评分标准扣除相应的分数。

（4）"读者意识"是指作答中应该使用第二人称，也就是说，评语的目标读者应该是学生。

（5）从维度三进行评分时，首先要看考生指出了哪些问题，这些问题是不是属于评分标准中界定的主要问题，以及对问题的分析是不是具体，这是确定等级的关键依据。然后，再看考生提出了哪些修改建议，以及这些建议是否合理，是否能够给学生修改作文提供具体的指导。如果只是笼统地指出了作文中的问题，如内容空洞、论述不合理等，但缺乏具体所指，同时泛泛地提出一些修改建议，应归为三等及以下等级。另外，需注意语言问题并不是维度三考查的核心，因此不属于评分标准中提及的主要问题。

6.2.2.4.2 任务 3 评分方案解读

结合任务 3 第一次试评情况，研究者认为，针对任务 3 进行评分员培训时应对评分方案进行以下解读：

（1）评分时，首先看作答是否符合要求。如果论述的视角并非来自学生作文，或者论述中涉及多个角度，而并非按要求集中针对一个视角，应视为无效作答。如果没有按要求进行示范写作，而是针对学生作文中存在的问题提出了一些修改建议，也应视为无效作答。

（2）任务 3 考查的是段落写作。因此，如果论述视角符合要求，但没有按答题指示写一段话，而是写了几段话，甚至针对一个视角重新撰写了一篇作文，可视为完成了考试任务，但应按照评分细则规定扣除一定的分数。

（3）论述的充分性是确定作答等级的关键依据。但考虑到教师的示范作用，如果语言表达错误较多，应考虑做降档处理。

以上内容是确保评分员能够准确解读和执行评分方案的关键。在进行第二次试评前，研究者将结合上述内容对评分员进行培训，以避免评分方案解读中可能出现的偏差。

6.3 评分方案第二次验证

6.3.1 研究设计

6.3.1.1 研究目的

为了对任务 2 和任务 3 修改后的评分方案进行验证，组织了第三次试测，以便通过第二次试评来探讨修改后的评分方案是否更加具备可操作性，以及执行新的评分方案后评分员间的一致性是否有所提高。

6.3.1.2 试测对象

天津市某高校和河北省某高校外国语言学及应用语言学方向的 33 名硕士研究生应邀参加了此次试测[①]。其中，有 17 名同学已经获得国家颁发的高中英语教师资格证书，其余绝大部分同

---

① 为了对两次评分结果进行比较，第二次和第三次试测选取的试测人数相同。

学表示目前正在备考。

6.3.1.3 评分员

除评分员 2 外，参加第一次试评的另外 4 名评分员均继续参加了第二次试评。为了更加充分地反映 4 名评分员评分的可靠性，本次评分邀请 1 名专家型评分员参加，编号为评分员 6。评分员 6 拥有 13 年教龄，近 10 年来，已经连续 20 次参加大学英语四六级考试作文的评阅工作，每次评阅量在 6000 份左右，且近年来几乎每次评分都被评为优秀阅卷员。因此，该评分员具有非常丰富的写作评分经验。在一定程度上，其他评分员与评分员 6 之间的一致性可以反映出其评分的可靠性。

本次评分前，以提供评分说明的形式对评分员进行了培训，评分说明的内容见 6.2.2.4 小节所述。评分前，要求每位评分员认真阅读评分方案和评分说明，以确保他们能够准确解读新的评分方案及其操作方法。此次培训未增加实际评分员培训中的样卷试评环节，因为如果进行样卷试评，评分员在评分过程中有可能会参照试评样卷给分，而不是参照评分方案，这样不利于研究评分方案的可操作性。

6.3.1.4 数据收集

该部分研究的数据主要来自两个方面。一是 5 名评分员分别给出的分数，这部分数据用于定量分析，以便对评分员间的一致性进行验证。二是通过调查问卷收集的评分员反馈意见，这部分数据用来做定性分析。

在第二次试评结束后，通过问卷征集了评分员 1、评分员 3、评分员 4 和评分员 5 对新版评分方案的反馈，目的是了解修改后评分方案的可操作性是否有所提高，以及尚有哪些需要改进的地方。

同时，也征求了评分员 6 的意见，结合上次评分设计的调查问卷，请她从评分原则是否合理、评分细则是否具有可操作性、评分标准与测试任务要求是否一致、描述语是否清楚、分档是否恰当等方面对任务 2 和任务 3 新版评分方案进行判断。

另外,为了进一步了解我国职前高中英语教师的写作书面反馈能力的现状,还邀请两次参与评分的 4 名评分员对参加试测的考生的写作书面反馈能力进行了整体评价。

6.3.2 结果与讨论

6.3.2.1 任务 2 评分结果与讨论

6.3.2.1.1 评分的一致性

对任务 2 评分结果进行统计后发现,Cronbach's Alpha 值为 0.929。单因素方差分析显示,各评分员均值(见表 6.12)之间没有显著差异($F = 1.906$, $df1 = 4$, $df2 = 160$, $p > 0.05$)。Pearson 相关性检验进一步显示,评分员间均在 0.01 水平上显著相关(见表 6.13)。

表 6.12 任务 2 评分结果描述性统计量(第二次试评)

评分员	N	极小值	极大值	均值	标准差
评分员 1	33	0	18	11.70	3.340
评分员 3	33	0	19	12.85	3.866
评分员 4	33	0	16	11.88	3.380
评分员 5	33	0	15	10.73	2.992
评分员 6	33	0	18	12.58	3.649

表 6.13 5 名评分员评分结果之间的相关性(任务 2,第二次试评)

评分员		评分员 1	评分员 3	评分员 4	评分员 5	评分员 6
评分员 1	Pearson 相关性	1				
	显著性(双侧)					
评分员 3	Pearson 相关性	.858**	1			
	显著性(双侧)	.000				
评分员 4	Pearson 相关性	.597**	.678**	1		
	显著性(双侧)	.000	.000			

续表

评分员		评分员1	评分员3	评分员4	评分员5	评分员6
评分员5	Pearson 相关性	.742**	.734**	.757**	1	
	显著性（双侧）	.000	.000	.000		
评分员6	Pearson 相关性	.902**	.791**	.548**	.665**	1
	显著性（双侧）	.000	.000	.001	.000	

**. 在 .01 水平（双侧）上显著相关。

对维度三评分结果进行统计分析后得出 Cronbach's Alpha 值为 0.912。单因素方差分析显示，各评分员均值（见表 6.14）之间没有显著差异（F = 2.320, df1 = 4, df2 = 160, p > 0.05）。Pearson 相关性检验显示，评分员间的相关系数有了较大幅度的提高（见表 6.15）。但是，评分员 4 与其他评分员间的相关系数依然偏低，尤其是与评分员 6 之间的相关系数不够理想，这在一定程度上说明，评分员 4 自身评分的可靠性有待提高。

表 6.14　任务 2 维度三评分结果描述性统计量（第二次试评）

评分员	N	极小值	极大值	均值	标准差
评分员1	33	0	14	8.18	2.732
评分员3	33	0	14	8.12	3.370
评分员4	33	0	11	7.88	2.302
评分员5	33	0	10	6.39	2.150
评分员6	33	0	13	7.91	3.195

表 6.15　5 名评分员评分结果之间的相关性（维度三，第二次试评）

评分员		评分员1	评分员3	评分员4	评分员5	评分员6
评分员1	Pearson 相关性	1				
	显著性（双侧）					
评分员3	Pearson 相关性	.842**	1			
	显著性（双侧）	.000				
评分员4	Pearson 相关性	.585**	.638**	1		
	显著性（双侧）	.000	.000			

续表

评分员		评分员 1	评分员 3	评分员 4	评分员 5	评分员 6
评分员 5	Pearson 相关性	.732**	.718**	.787**	1	
	显著性（双侧）	.000	.000	.000		
评分员 6	Pearson 相关性	.857**	.738**	.440*	.610**	1
	显著性（双侧）	.000	.000	.010	.000	

**. 在 .01 水平（双侧）上显著相关。
*. 在 0.05 水平（双侧）上显著相关。

总体而言，与第一次试评相比，第二次试评结果更为理想。无论就任务 2 总分，还是维度三评分结果，评分员间的整体一致性明显提高，各评分员均值之间的显著差异不复存在，评分员间的相关系数均有明显提高，因此，第二次试评结果具有更高的可信度。这充分说明，修改后的任务 2 评分方案以及提供的评分说明对于提高评分的可靠性而言具有明显的效果。

6.3.2.1.2 评分反馈

问卷调查显示，两次参与评分的 4 名评分员一致认为，与上一版评分方案相比，任务 2 新版评分方案的可操作性有了明显提高。对此，他们从不同视角进行了具体阐述。

评分员 1、评分员 3 和评分员 4 对新版评分方案的描述语给予了充分肯定。评分员 1 认为："调整前，在维度三中，一等与二等之间、三等与四等之间的第一句描述语在表述上区分较为模糊。调整后，描述语更加细致合理，使得评分时更加有章可循，操作性大大提高。"评分员 3 则认为："三等、四等评分标准中'笼统指出''未能指出'等表述更加确切。有关'修改建议'对提高作文质量贡献的表述更加明确，更易操作。"评分员 4 也表示，"修改后，描述语表述更加准确，分档也更加清楚。"

此外，还有评分员对评分说明的作用进行了评价。例如，评分员 5 认为："任务 2 新的评分方案的可操作性确实有所提高，主要体现在评分说明中，指出了评分员在评分过程中定档的具体方法、需要注意的细节，以及一些有争议的考生作答的处理方式。评分标准中加入了'无效作答'的评分方法，使得一些有争议的考生作答的处理方式更加明确。"

评分员6对任务2新版评分方案也给予了充分认可，她认为"评分原则合理""评分细则具有可操作性""评分标准能涵盖任务要求""描述语清楚""评分维度较为恰当，能根据各维度分档"。

从5名评分员的反馈看，任务2新版评分方案的认可度较高。在征求修改意见时，5名评分员均表示，现有的评分方案较为合理，尚未发现突出问题。考虑到第二次试评的结果较为理想，研究者决定暂时不对任务2评分方案作进一步修订，等将来大规模试测后再结合新的评分发现决定是否需要做出新的调整。

6.3.2.2 任务3评分结果与讨论

6.3.2.2.1 评分的一致性

对任务3评分结果进行统计后发现，Cronbach's Alpha值为0.939。单因素方差分析显示，各评分员均值（见表6.16）之间没有显著差异（$F = 0.686$, $df1 = 4$, $df2 = 160$, $p > 0.05$）。Pearson相关性检验进一步显示，评分员间均在0.01水平上显著相关（见表6.17）。

表6.16　任务3评分结果描述性统计量（第二次试评）

评分员	N	极小值	极大值	均值	标准差
评分员1	33	0	12	5.58	3.500
评分员3	33	0	13	5.85	3.993
评分员4	33	0	12	5.73	3.651
评分员5	33	0	10	5.88	3.170
评分员6	33	0	13	6.94	4.358

表6.17 5名评分员评分结果之间的相关性（任务3，第二次试评）

评分员		评分员1	评分员3	评分员4	评分员5	评分员6
评分员1	Pearson 相关性	1				
	显著性（双侧）					
评分员3	Pearson 相关性	.764**	1			
	显著性（双侧）	.000				
评分员4	Pearson 相关性	.788**	.666**	1		
	显著性（双侧）	.000	.000			
评分员5	Pearson 相关性	.804**	.710**	.748**	1	
	显著性（双侧）	.000	.000	.000		
评分员6	Pearson 相关性	.854**	.761**	.728**	.843**	1
	显著性（双侧）	.000	.000	.000	.000	

**. 在 .01 水平（双侧）上显著相关。

上述结果表明，与第一次试评相比，任务3第二次试评结果更为理想。评分员间的整体一致性有明显提高，各评分员均值之间不存在显著差异，评分员间的相关系数均有明显提高，因此第二次试评结果具有更高的可信度。而且，评分员1、评分员3、评分员4和评分员5与专家评分员6之间均有高度的相关性。这充分说明，与原有的评分方案相比，修改后的任务3评分方案更加可靠，评分员对新版评分方案的执行情况更为理想。

6.3.2.2.2 评分反馈

问卷调查显示，参与两次评分的4名评分员一致认为，与上一版评分方案相比，任务3新版评分方案的可操作性有了大幅度提高。

评分员1认为："调整前，评分标准涉及论述的充分性、条理的清晰度、语言表达的规范性三个方面。调整后，增加了论点展开的充分性、论据的恰当性以及行文的连贯性这三个维度，使评分更加全面客观，评分细则的规定更加灵活、覆盖的情形更加全面。"

评分员 3 表示:"任务 3 新版评分方案的可操作性有明显提高,具体表现在以下方面:明确了无效作答的标准、明确了非段落写作的惩罚性扣分、不同分数等级的各维度更加清晰,更易评分。"

评分员 4 从分档角度对新版评分方案进行了评价,认为修改后"分档更加合理,更容易操作"。

评分员 5 认为:"描述语比上次更加清楚了,没有意思含糊的地方。另外,去除了一些比较机械的评分方法,比如犯了多少个语法错误就对应给几档。还有,明确给出了处理一些特殊情况的办法。"

评分员 6 对任务 3 新版评分标准也给予了充分肯定,认为"评分原则合理""评分细则具有很好的操作性""评分标准能很好地涵盖任务要求""描述语清楚、得当""评分维度分类恰当,对确定分值有很好的指引作用"。

在征求修改意见时,5 名评分员中仅评分员 5 提出了一条修改建议。该评分员指出:"有的考生写了一大段,但是似乎有好几个论点,因为逻辑混乱,所以分不清楚是一个论点的几个分论点,还是一口气论述了好几个论点,不过这些文章多少又写了一点与该任务要求相关的内容。因此如果把论述了不止一个观点的文章和跑题、主题不明确等文章都归为最低一档,这样也许更好一些。"这一建议涉及对无效作答的处理,可将相关内容添加到评分细则中,或者在将来的评分员培训中进行说明。

从以上反馈可以看出,任务 3 新版评分方案的认可度较高。考虑到任务 3 的第二次试评结果较为理想,研究者决定暂时不对任务 3 评分方案做进一步修订,与任务 2 一样,等将来大规模试测后再结合新的评分发现决定是否需要做出新的调整。

6.3.2.3 关于作答情况的反馈

根据研究设计,参与两次评分的 4 名评分员通过填写调查问卷对考生作答情况进行了整体评价。结果显示，4 名评分员普遍认为考生的撰写评语的能力以及示范写作能力有待提高。

6.3.2.3.1 撰写评语的能力

调查反映出的问题主要集中在对好的英语作文的认识、逻辑思维能力和评价能力等三个方面。下面是评分员做出的部分评价：

（一）关于对好的英语作文的认识

（1）抓住关键问题的考生可能不足三成。部分考生的好作文意识欠缺，依然停留在词汇语法层面，这也是不容忽视的事实。

（2）在鉴别作文质量时，过于注重语言层面的错误，对作文论点表述的清晰度、举例的恰当性、论证的充分性等问题关注较少或未关注，暴露了考生对好作文的标准缺乏认识。

（二）关于逻辑思维能力

（1）考生作答在一定程度上存在思维混乱的问题。

（2）考生对作文中的错误的评价和比较能力不足，且不懂得如何把自己的想法给学生讲明白，大都将所发现的错误进行罗列，不分主次和层次。

（三）关于评价能力

（1）不少考生不具备基本的测评素养，根本没有相关意识。因此，培养他们的评价意识、提高其评价能力十分必要而迫切。

（2）在评价作文的缺点时，绝大部分考生不能按照作文的论证思路依次对论点进行评价，导致难以触及主要问题，或者无意识地触及某个主要问题却一带而过，这暴露了他们在评价方法、评价思路上的欠缺，这也是导致评价能力较弱的主要因素。

上述评价反映出，不少考生对于什么是好的英语作文缺乏清楚的认识，不能条理清楚地展示自己对学生作文的看法，同时评价素养欠缺，不能抓住问题的关键。这些问题表明，他们撰写评语能力仍有待提高。

6.3.2.3.2 示范写作能力

调查反映出的问题主要集中在论述的充分性和语言表达的准确性上。下面是评分员做出的部分评价：

（一）关于论述的充分性

（1）大部分考生在思路的清晰度与行文的连贯性方面基本过关，但在论据的说服力方面较为薄弱，单调地重复同一的思想，缺乏耳目一新的想法与恰当的例证，暴露出考生思维能力、创新能力的欠缺和思想的匮乏。

（2）仅约不足三成考生能做到思路清晰，能对论点展开较为充分的讨论，论据具有一定的说服力。相对理想的受试仅约一成，其余受试中约有一半在一定程度上存在整体思路混乱的问题，这就导致其无法进行充分的论述。

（二）关于语言表达的准确性

（1）语言使用上，能够运用较为充分的词语清晰表达自己的观点，但语言错误时有发生。

（2）英语基本功太差，语法、词汇错误较多，且很多表达不符合英语书面语的表达习惯。

上述评价反映出，参与试测的考生的示范写作能力有待提高。正如一名评分员所说，"考生的想法千篇一律，缺乏新意，很难达到启迪学生思维的目的"。对此，另一名评分员表示，"考生自己的写作能力与写作中出现的各种问题，正是限制他们撰写评语能力发展的至关重要的因素，也直观地展示了他们对好作文的认识与对作文的评价鉴赏力，这也反证了任务3的重要性与必要性。"

研究表明，对于参加试测的职前高中英语教师而言，无论是纠错能力、撰写评语的能力，还是示范写作能力，均有待提高。这在一定程度上说明，我国现有的职前英语教师教育还不够充分，对英语教学能力的培养力度还有待加强。同时也表明，我国英语教师资格考试对考生教学能力的筛查并不充分，未能有效地把好高中英语教师的"入口关"，因此有必要对其进行改革。

6.4 本章小结

本章针对3个测试任务分别开发了相应的评分方案，并通过试评对评分方案的可操作性进行了验证。第一次试评结果显示，任务1评分方案较为合理，无须进一步调整。然而，对任务2和任务3评分结果进行统计后发现，各评分员间的一致性并不理想。

根据评分员反馈和对赋分依据的研究，研究者进一步调整了任务2和任务3的评分方案。调整后的评分标准各档之间更容易区分，有效解决了评分过程中出现的一些难以定档的问题。对其中一些关键概念做了进一步明确，例如任务2新版评分标准中便明确限定了"主要问题"的具体所指，同时还考虑了考生作答中可能出现的特例。

为了对新版评分方案进行验证，研究者组织了第二次试评。结果显示，评分员间的一致性有了明显提高，而且各评分员均对新版评分方案给予了充分认可。这充分说明，新版评分方案的可操作性更强，这为确保评分的可靠性奠定了坚实的基础。

第 7 章 结语

英语教师写作书面反馈能力测试属于中国英语教师专业能力测试的一部分。开发中国英语教师专业能力测试，目的是对考生的英语教学资格进行认证。该考试一旦实施，将对考生、相关学段的英语教学以及职前英语教师教育产生一定的影响。因此，开发这样一项测试，需要依据合理的开发程序，以确保测试任务设计的科学性和可行性。本研究根据基于问题的职业资格测试开发模型对英语教师写作书面反馈能力测试任务的设计及相应的评分方案进行了探讨。总体来看，本研究达到了预期的研究目标，开发出了有效的测试任务，并设计了合理可行的评分方案，但研究也存在一定的局限性。本章将从研究发现、研究贡献、研究的局限性以及后续研究展望等角度对整个研究进行总结。

7.1 研究发现

本研究对写作书面反馈能力测试任务开发的关键环节进行了报告，从构念界定、测试任务及评分方案设计等方面确保了新开发的测试形式能够实现对相关能力的全面和充分考查。

为了对写作书面反馈能力进行充分取样，本研究对测试的目标内容范围进行了界定。研究对二语教师在进行纠错时所面临的各种抉择，写评语时需要考虑的诸多因素，以及示范写作的作用和技巧进行了详细论述。研究指出，纠错时教师应该根据每位同学的实际情况和教学目标在全面纠错和选择性纠错、直接纠错和间接纠错之间进行灵活选择。为了能够顺利完成这些任务，对于同一个错误，教师应该同时具备直接纠错和间接纠错的能力。在撰写评语时，教师要结合交际目的对学生作文的内容、结构、语言等方面进行评价，评价时既要指出学生作文的优点，也要帮助学生充分认识其作文中存在的突出问题，同时还要给学生提供切实可行的修改方案。此外，为了确保评语的有效性，教师还应注意评价用语要便于学生理解，同时所提供的评价不能过于宽泛，应该有具体所指，应意识到类似"内容空洞""结构不合理"之类的评价对于学生修改作文而言很难起到实际的指导作用。除了纠错和写评语外，本研究还强调了教师进行示范写作的重要性，指出教师提供的写作示范对于学生来说是非常重要的语言输入来源，同时还能够起到对学生进行点拨的作用，这样通过写作示范可以更为直观地教给学生如何用英语表达个人想法，以达到预期的交际目的。

  研究还结合《中国学习者英语语料库》以及一线高中英语教师围绕学生英语写作发表的相关论文，对我国高中生英语写作中存在的主要问题进行了总结。通过梳理这些文献发现，我国高中生英语作文在词汇、句法、语篇和写作内容等方面存在一些较为突出的问题，例如，典型的词汇方面的错误包括拼写、名词单复数、时态、语态、冗余等，典型的句法错误包括流水句、主谓不一致、片段句、兼语结构等，典型的语篇错误包括衔接不当、断句有误、缺乏逻辑性和条理性等，典型的内容问题包括内容贫乏、表意不清、要点不明等。这些错误和问题是教师在提供写作书面反馈时应该关注的重点。

  结合上述发现，研究从纠错、写评语和提供示范写作三个角度对我国高中英语教师在提供写作书面反馈时应完成的重要任务进行了概括，并明确了完成每项任务应满足的能力要求，这为具体测试任务的开发奠定了坚实的基础。

　　为确保取样的充分性,研究决定从纠错、写评语和进行示范写作三个方面对考生的英语写作书面反馈能力进行全面考查,并设计了相应的样题。初步试测显示,采取全面纠错,并由考生自行决定采取文中批注和旁注的做法并不可取,同时对文中的语言错误不做任何标记的做法也不理想,这表明在测试任务设计上不能盲目保留目标任务特征。同时,研究还发现,虽然不少考生已经拥有了国家颁发的高中英语教师资格证书,但是他们大多对教师评语这一体裁缺乏了解,对评语应该涵盖的内容缺乏认识,在写评语时体现出盲目性和随机性。而且,不少考生并不能准确指出学生作文中存在的问题,有的考生甚至错误地将学生作文视为范文。以上情况在一定程度上反映出,我国基础阶段英语教师的储备情况并不理想。根据以上发现,研究者对样题进行了调整。首先,丰富了任务情境特征,从学生作文中选取我国高中生英语写作中常见的若干种错误,并将出错的整个句子用下画线进行了标注。其次,细化了任务2的答题指示,凸显了所要考查的核心构念,同时也对任务3的答题指示进行了调整,使得考查意图更加明确。

　　为了进一步完善任务设计,以小组访谈的形式组织相关专家对样题进行了集中论证。论证发现,应进一步丰富样题中学生作文的写作要求,明确写作的目标读者,根据所要考查的错误对学生作文进行适当加工,并将个别不太明显的错误从考查点中去除。此外,还应该简化任务2的答题指示,同时去除任务3的作答长度限制。

　　根据上述专家意见,研究者对样题进行了第二次修订。之后,邀请3名二语写作测试研究领域的专家从测试内容的相关性和取样的充分性角度对样题内容效度进行了判断。3名专家对任务设计均给予了充分认可,同时也针对样题细节提出了一些修改建议。

在此基础上，研究者对样题进行了最后完善。应该说，3 次修订充分保证了样题设计的合理性。

针对样题终稿中的 3 个测试任务，研究者分别设计了相应的评分方案，并通过试评对评分方案进行了两次验证。

任务 1 评分细则中提供的修改答案均经过了 3 名以英语为母语者的认可或调整，可靠性较强。第一次试评结果显示，任务 1 评分方案较为合理，评分原则考虑周全，能够对评分过程给予明确的指导，评分细则可操作性强。然而，第一次试评结果显示，任务 2 和任务 3 的评分方案仍有待调整。单因素方差分析显示，任务 2 和任务 3 各评分员均值之间均出现显著差异。Pearson 相关性检验也显示，评分员间虽然显著相关，但是相关系数整体偏低。对任务 2 赋分依据进行研究后发现，评分员在对考生作答进行解读以及执行评分方案时出现了不同程度的偏差。对评分员进行调查后发现，任务 2 评分方案中存在一些突出的问题，如个别描述语表述不够清楚，不同等级的描述语不易区分。经观察，任务 3 评分员间的评分差异主要体现在对无效作答卷的处理上。此外，评分员反映任务 3 评分方案中存在一些有待解决的问题，例如，描述语不够详细，导致分档困难，以及如何处理篇幅过于简短却基本没有语言错误的文章。

针对上述研究发现，研究者对任务 2 和任务 3 的评分方案进行了调整，并再次通过试测收集了新的作答材料，以便通过第二次试评对新版评分方案进行验证。除评分员 2 外，参加第一次试评的其他 4 名评分员均参加了第二次试评，同时邀请一名专家型评分员参加评分。与第一次试评相比，第二次试评结果较为理想。无论是任务 2 还是任务 3，评分员间的整体一致性明显提高，各评分员均值之间的显著差异不复存在，评分员间的相关系数均有明显提高。除了评分员 4 任务 2 评分结果与其他评分员间的相关系数偏低外，任务 2 其他评分员间的一致性均较为理想，而且均与专家评分员 6 有较高的相关性。任务 3 各评分员间的一致性均较为理想。由此可见，修改后的任务 2 和任务 3 评分方案更加可靠，评分员对新版评分方案的执行情况较为理想。调查显示，两次参与评分的 4 名评分员一致认为，与上一版评分方案相比，任务 2 和任务 3 新版评分方案的可操作性有了明显提高。此外，专家评分员 6 也对新版评分方案给予了高度认可。

评分结束后，邀请评分员对考生作答情况进行了评价。参加试测的考生中，多数已经获得了国家颁发的高中英语教师资格证书。然而，结果显示，他们的纠错能力、撰写评语的能力以及示范写作能力均有待提高。这在一定程度上说明，我国职前高中英语教师的储备情况并不理想。因此，为了确保我国基础阶段英语教育的质量，一方面亟须加强职前英语教师教育，另一方面需要探索测量英语教师专业能力的有效途径，以确保通过教师资格考试筛选出来的人员切实具备顺利从事相关学段英语教学所需要的基本能力。

7.2 研究贡献

本研究有以下几个方面的贡献：

首先，国内外较有影响的几项职前英语教师资格考试虽然认识到测量写作书面反馈能力的重要性，但对该考试构念的考查尚不充分，目前也缺乏专门针对该能力测量进行的研究。在这一背景下，本研究从纠错、写评语以及进行示范写作三个角度对英语教师提供写作书面反馈时应完成的重要任务进行了探讨，研究结果有助于加深人们对于写作书面反馈能力的认识。

其次，本研究设计的 3 项测试任务具有创新性，为有效测量职前英语教师的写作书面反馈能力提供了一个可行性路径。任务

1 从识别、解释和改正学生作文中语言错误的角度对纠错能力进行了全方位考查，与现有的考试方式相比，对纠错能力的考查更加充分。任务 2 从指出学生作文的优点、分析作文在思想的组织和发展方面存在的主要问题以及提供针对性修改建议三个角度对撰写评语的能力进行了充分考查。在现有的几项职前英语教师资格考试中，只有我国英语教师资格考试涉及对学生作文的评价，但是考试构念仅限于指出学生作文中存在的主要问题。相比之下，本研究设计的测试任务对撰写评语的能力的考查更为充分。任务 3 要求考生针对学生作文中的某一论述视角进行示范写作，该任务不仅可以反映考生对好的英语作文的认识，而且可以测量其自身的写作能力。这种对示范写作能力的考查在现有的几项考试中尚未涉及。因此，与现有的测试任务相比，本研究设计的 3 项任务能够更加充分地考查职前英语教师的写作书面反馈能力。

再次，本研究设计的测试开发流程对于职业资格测试的开发能够起到有效的借鉴作用。职业资格测试效度验证的依据主要是与内容相关的证据。本研究从试测、专家论证、测试专家判断等几个关键环节入手，围绕测试内容的相关性和取样的充分性进行了系统性研究，并结合试评发现对评分方案进行了合理修订。这一研究路径合理且具有较强的可操作性，有助于从测试内容的相关性、取样的充分性和评分的可靠性三个角度确保新开发出的测试形式具有较高的内容效度。

最后，本研究结果有助于推动我国英语教师资格考试改革。中小学英语教师资格考试是把好英语教师"入口关"的关键环节，如果考试设计不合理，经考试筛选出来的人员很有可能无法胜任相关学段的英语教学工作，这将对基础阶段的英语教育造成负面影响。教师资格考试考查的应该是参加考试的人员是否具备从事有关教学工作所需要的核心素养。对于高中英语教师而言，写作书面反馈能力是胜任英语写作教学所需要的一项关键技能，然而现有的英语教师资格考试对该能力的测量还不够充分。本研究进行的三次试测均显示，不少已经获得高中英语教师资格证书的考生的写作书面反馈能力明显不足，并不具备顺利从事该学段英语写作教学的基本条件。这在一定程度上说明，我国现有的英语教师资格考试并没有起到很好的筛选作用，这一研究发现可以给该项考试改革提供有效参考。

7.3 研究的局限性和未来研究展望

本研究尝试对英语教师写作书面反馈能力的测量进行探讨，取得了一定的成果，但也存在以下局限性：

（1）本研究主要依据现有文献对我国高中生英语写作中常见的语言错误进行了探讨，尚缺乏田野调查。

（2）试测样本不够大，尚未涉及其他学历层次的人员。

因此，在后续研究中可以深入高中英语课堂，收集第一手材料，加深对学生英语写作中常见的语言错误的认识，以进一步提高任务 1 取样的合理性和充分性。同时，还应借助大规模试测，在不同地域、不同水平层次的高校中选取试测对象，同时涵盖更多学历层次的人员，以充分研究不同层次的考生对测试任务的解读是否存在偏差。此外，还需要进一步探讨平行试题的研制，以便为中国英语教师专业能力测试的实施做好准备。

总之，国内关于英语教师专业能力测试开发的研究尚不多见，在这种情况下，本研究属于一项有意义的尝试，期望能够为相关研究起到一定的推动作用。

参引文献

1. Aljaafreh, A. & Lantolf, J. 1994. Negative feedback as regulation and second language learning in Zone of Proximal Development. *The Modern Language Journal,* 78(4): 465-483.
2. Andrews, S. 2007. *Teacher Language Awareness.* Cambridge: Cambridge University Press.
3. American Educational Research Association, American Psychological Association, & National Council on Measurement in Education. 1999. *Standards for Educational and Psychological Testing.* Washington, DC: American Educational Research Association.
4. American Educational Research Association, American Psychological Association, & National Council on Measurement in Education. 2014. *Standards for Educational and Psychological Testing.* Washington, DC: American Educational Research Association.
5. Andrade, M.S. & Evans, N.W. 2013. *Principles and Practices for Response in Second Language Writing: Developing Self-regulated Learners.* New York/London: Routledge.
6. Anton, M. 1999. A learner-centered classroom: Sociocultural perspectives on teacher-learner interaction in the second language classroom. *The Modern Language Journal,* 83: 303-318.

7. Bachman, L.F. 1990. *Fundamental Considerations in Language Testing*. Oxford: Oxford University Press.
8. Bachman, L.F. & Palmer, A. 2010. *Language Assessment in Practice: Developing Language Assessments and Justifying Their Use in the Real World*. Oxford: Oxford University Press.
9. Baker, N.L. 2014. "Get it off my stack": Teachers' tools for grading papers. *Assessing Writing,* 19: 36-50.
10. Biber, D., Nekrasova, T. & Horn, B. 2011. *The Effectiveness of Feedback for L1-English and L2-Writing Development: A Meta-Analysis* (RR-11-05). Princeton, NJ: Educational Testing Service.
11. Bitchener, J. 2008. Evidence in support of written corrective feedback. *Journal of Second Language Writing,* 17(2): 102-118.
12. Bitchener, J. & Ferris, D.R. 2012. *Written Corrective Feedback in Second Language Acquisition and Writing*. New York/London: Routledge.
13. Bitchener, J. & Knoch, U. 2008. The value of written corrective feedback for migrant and international students. *Language Teaching Research,* 12(3): 409-431.
14. Brooks, N. 1960. *Language and Language Learning: Theory and Practice*. New York: Harcourt, Brace & World.
15. Burke, D. & Pieterick, J. 2010. *Giving Students Effective Written Feedback*. Berkshire: Open University Press.
16. Cambridge English Language Assessment. 2014. *Cambridge English Teaching Framework: Competency Statements*. http://www.cambridgeenglish.org/images/172992-full-level-descriptors-cambridge-english-teaching-framework.pdf (downloaded 20/03/2017).

17. Cambridge English Language Assessment. 2015. *CELTA Syllabus and Assessment Guidelines* (fourth edition). http://www.cambridgeenglish.org/images/21816-celta-syllbus.pdf (downloaded 20/03/2017).
18. Cambridge English Language Assessment. 2016. *Handbook for Teachers-TKT Modules 1, 2 and 3*. http://www.cambridgeenglish.org/images/tkt-handbook-modules-1-3.pdf (downloaded 20/03/2017).
19. Clauser, B.E. 2000. Recurrent Issues and Recent Advances in Scoring Performance Assessments. *Applied Psychological Measurement,* 24(4): 310-324.
20. Corder, S.P. 1967. The significance of learner errors. *IRAL-International Review of Applied Linguistics in Language Teaching,* 5(1-4): 161-170.
21. Cronbach, L.J. 1971. Test validation. In Thorndike, R.L. (ed.). *Educational Measurement* (second edition). Washington, D.C.: American Council on Education.
22. Cronbach, L.J. 1980. Validity on parole: How can we go straight? *New Directions for Testing and Measurement,* (5): 99-107.
23. Cronbach, L.J. 1988. Five perspectives on validity argument. In Wainer, H. &Braun, H. (eds.). *Test Validity*. Hillsdale, NJ: Lawrence Erlbaum, 3-17.
24. Crusan, D., Plakans, L. & Gebril, A. 2016. Writing assessment literacy: Surveying second language teachers' knowledge, beliefs, and practices. *Assessing Writing,* 28: 43-56.
25. Cullen, R. 1994. Incorporating a language improvement component in teacher training programmes. *ELT Journal,* 48(2):

162-172.

26. Davies, A., Brown, A., Elder, C., Hill, K., Lumley, T. & McNamara, T. 1999/2002. *Dictionary of Language Testing*. Beijing: Foreign Language Teaching and Research Press.

27. Deluca, C., Lapointe-Mcewan, D. & Luhanga, U. 2016. Teacher assessment literacy: A review of international standards and measures. *Educational Assessment, Evaluation and Accountability,* 28(3): 251-272.

28. Downing, S.M. 2006. Twelve steps for effective test development. In Downing, S.M. & Haladyna, T.M. (eds.). *Handbook of Test Development*. Mahwah, NJ: Lawrence Erlbaum, 3-24.

29. Ellis, R. 1991. The Interaction Hypothesis: A critical evaluation. Paper presented at the Regional Language Center Seminar (Singapore, April 22-28, 1991). http://files.eric.ed.gov/fulltext/ED338037.pdf (downloaded 28/10/2016).

30. Ellis, R. 1998. Teaching and research: Options in grammar teaching. *TESOL Quarterly,* 32(1): 39-60.

31. Ellis, R. 2009. Corrective feedback and teacher development. *L2 Journal,* 1(1): 3-18.

32. Ellis, R., Loewen, S. & Erlam, R. 2006. Implicit and explicit corrective feedback and the acquisition of L2 grammar. *Studies in Second Language Acquisition,* 28(2), 339-368.

33. ETS. (2016). *The Praxis® Study Companion: English to Speakers of Other Languages*. https://www.ets.org/s/praxis/pdf/5361.pdf (downloaded 30/09/2017).

34. European Commission. 2013. *Supporting Teacher Competence Development for Better Learning Outcomes*. http://ec.europa.eu/

dgs/education_culture/reposit ory/education/policy/school/doc/teachercomp_en.pdf (downloaded 16/02/2017).

35. Ferris, D.R. 1999. The case for grammar correction in L2 writing classes: A response to Truscott (1996). *Journal of Second Language Writing,* 8(1)：1-10.

36. Ferris, D.R. 2002. *Treatment of Error in Second Language Student Writing.* Ann Arbor: University of Michigan Press.

37. Ferris, D.R. 2003. *Response to Student Writing: Implications for Second Language Students.* Mahwah, NJ: Lawrence Erlbaum Associates.

38. Ferris, D.R. 2006. Does error feedback help student writers? New evidence on the short- and long-term effects of written error correction. In Hyland, K. & Hyland, F. (eds.). *Feedback in Second Language Writing: Contexts and Issues.* New York: Cambridge University Press, 81-104.

39. Ferris, D.R. 2011. *Treatment of Error in Second Language Student Writing* (second edition). Ann Arbor: The University of Michigan Press.

40. Ferris, D.R. 2014. Responding to student writing: Teachers' philosophies and practices. *Assessing Writing,* 19: 6-23.

41. Ferris, D.R. & Hedgcock, J.S. 2005. *Teaching ESL Composition: Purpose, Process and Practice* (second edition). Mahwah, NJ: Lawrence Erlbaum Associates.

42. Ferris, D.R. & Hedgcock, J.S. 2014. *Teaching L2 Composition: Purpose, Process and Practice* (third edition). New York/London: Routledge.

43. Freeman, D. 2017. The case for teachers' classroom English proficiency. *RELC Journal,* 48(1): 31-52.

44. Freeman, D., Katz, A., Le Dréan, L., Burns, A. & Hauck, M. 2013. *ELTeach Global Pilot Report 2012*. http://www.elteach.com/ELTeach/media/Documents/ ELTeach_GPR_9-20-13.pdf (downloaded 30/09/2017).
45. Fulcher, G. 1999. Assessment in English for academic purposes: Putting content validity in its place. *Applied Linguistics*, 20(2): 221-236.
46. Fulcher, G. 2012. Assessment literacy for the language classroom. *Language Assessment Quarterly,* 9(2): 113-132.
47. Gareis, C.R. & Grant, L.W. 2015. Assessment literacy for teacher candidates: A focused approach. *Teacher Educators' Journal*: 4-21.
48. Goldstein, L.M. 2005. *Teacher Written Commentary in Second Language Writing Classroom*. Ann Arbor: The University of Michigan Press.
49. Goodwin, A.L. 2008. Defining teacher quality: Is consensus possible? In Cochran-Smith, M., Feiman-Nemser, S., Mclntyre, D.J. & Demers, K.E. (eds.). *Handbook of Research on Teacher Education: Enduring Questions in Changing Contexts* (third edition). New York/London: Routledge, Taylor & Francis Group and the Association of Teacher Educators, 399-403.
50. Gregg, K.R. 1984. Krashen's monitor and Occam's razor. *Applied Linguistics,* 5(2): 79-100.
51. Guenette, D. 2007. Is feedback pedagogically correct? Research design issues in studies of feedback on writing. *Journal of Second Language Writing,* 16(1): 40-53.
52. Guion, R.M. 1977. Content validity: The source of my discontent. *Applied Psychological Measurement,* 1(1): 1-10.

53. Hagger, H. & McIntyre, D. 2006. *Learning Teaching from Teachers: Realizing the Potential of School-based Teacher Education*. Maidenhead: Open University Press.
54. Haladyna, T.M. & Rodriguez, M.C. 2013. *Developing and Validating Test Items*. New York/London: Routledge.
55. Hogan, T.P. 2007. *Educational Assessment: A Practical Introduction*. John Wiley & Sons, Inc.
56. House, E.R. 1980. *Evaluating with Validity*. Beverly Hills, CA: Sage Publications.
57. Hyland, F. 2000. ESL writers and feedback: Giving more autonomy to students. *Language Teaching Research,* 4: 33-54.
58. Hyland, K. 2004. *Genre and Second Language Writing*. Ann Arbor: The University of Michigan Press.
59. Hyland, K. & Hyland, F. 2006. Feedback on second language students' writing. *Language Teaching,* 39(2): 83–101.
60. James, C. 1998/2001. *Errors in Language Learning and Use: Exploring Error Analysis*. Beijing: Foreign Language Teaching and Research Press.
61. Kamhi-Stein, L.D. 2009. Teacher preparation and nonnative English-speaking educators. In Burns, A. & Richards, J.C. (eds.). *The Cambridge Guide to Second Language Teacher Education*. Cambridge: Cambridge University Press, 91-101.
62. Kane, M. 1992. An argument-based approach to validation. *Psychological Bulletin,* 112: 527-535.
63. Kane, M. 2004. Certification testing as an illustration of argument-based validation. *Measurement: Interdisciplinary Research and Perspectives,* 2(3): 135-170.
64. Kane, M. 2006. Content-related validity evidence in test

development. In Downing, S.M. & Haladyna, T.M. (eds.). *Handbook of Test Development.* Mahwah, NJ: Lawrence Erlbaum, 131-153.

65. Kane, M. 2012. Validating score interpretations and uses. *Language Testing,* 29(1): 3-17.
66. Kane, M. 2013a. Validating the interpretations and uses of test scores. *Journal of Educational Measurement,* 50(1): 1-73.
67. Kane, M. 2013b. Validation as a pragmatic, scientific activity. *Journal of Educational Measurement,* 50(1):115-122.
68. Katz, A. 2014. Assessment in second language classroom. In Celce-Murcia, M., Brinton, D.M. & Snow, M.A. (eds). *Teaching English as a Second or Foreign Language.* Boston, MA: National Geographic Learning, 320-337.
69. Krashen, S.D. 1982. *Principles and Practice in Second Language Acquisition.* Oxford: Pergamon Press.
70. Lee, I. 2004. Error correction in L2 secondary writing classrooms: The case of Hong Kong. *Journal of Second Language Writing,* 13: 285-312.
71. Lee, I. 2014. Feedback in writing: Issues and challenges. *Assessing Writing,* 19: 1-5.
72. Li, S. 2014. The interface between feedback type, L2 proficiency, and the nature of the linguistic target. *Language Teaching Research,* 18(3): 373-396.
73. Long, M.H. 1981. Input, interaction, and second-language acquisition. *Annals of the New York Academy of Sciences,* 379: 259-278.
74. Long, M.H. 1983a. Native speaker/non-native speaker conversation in the second language classroom. In Clark, M., &

Handscombe, J. (eds.). *On TESOL '82: Pacific Perspectives on Language Learning*. Washington, D.C.: TESOL, 207-225.

75. Long, M.H. 1983b. Native speaker/non-native speaker conversation and the negotiation of comprehensible input. *Applied Linguistics,* 4 (2): 126-141.

76. Long, M.H. 1996. The role of the linguistic environment in second language acquisition. In Ritchie, W.C. & Bhatia, T.K. (eds.). *Handbook of Second Language Acquisition*. New York: Academic Press, 413-468.

77. Long, M.H. 1998. Focus on form in task-based language teaching. *University of Hawai'i Working Papers in ESL,* 16(2): 35-49.

78. Mackey, A. 2006. Feedback, noticing and instructed second language learning. *Applied Linguistics,* 27(3): 405-430.

79. Mayo, M. & Soler, E. 2013. Negotiated input and output/interaction. In Herschensohn, J. & Young-Scholten, M. (eds.) *The Cambridge Handbook of Second Language Acquisition.* Cambridge: Cambridge University Press, 209-229.

80. Messick, S. 1995. Validity of psychological assessment: Validation of inferences from persons' responses and performances as scientific inquiry into score meaning. *American Psychologist,* 50 (9): 741-749.

81. McDiarmid, G.W. & Clevenger-Bright, M. 2008. Rethinking teacher capacity. In Cochran-Smith, M., Feiman-Nemser, S., Mclntyre, D.J. & Demers, K.E. (eds.). *Handbook of Research on Teacher Education: Enduring Questions in Changing Contexts* (third edition). New York/London: Routledge, Taylor & Francis Group and the Association of Teacher Educators, 134-156.

82. McMartin-Miller, C. 2014. How much feedback is enough? Instructor practices and student attitudes toward error treatment in second language writing. *Assessing Writing,* 19: 24-35.
83. Muncie, J. 2000. Using written feedback in EFL composition classes. *ELT Journal,* 54 (1): 47-53.
84. Murdoch, G. 1994. Language development provision in teacher training curricula. *ELT Journal,* 48(3): 253-265.
85. National Assessment Governing Board. 2010. *Writing Framework for the 2011 National Assessment of Educational Progress.* https://vpn.bfsu.edu.cn/cgi/, DanaInfo=babel.Hathitrust.org,SSL+pt?id=mdp.39015090586770;view=1up;seq=114 (downloaded 14/04/2017).
86. Nassaji, H. & Swain, M. 2000. A Vygotskian perspective on corrective feedback in L2: The effect of random versus negotiated help on the learning of English articles. *Language Awareness,* 9(1): 34-51.
87. Nelson, G. & Carson, J. 2006. Cultural issues in peer response: Revisiting "culture". In Hyland, K. & Hyland, F. (eds.). *Feedback in Second Language Writing: Contexts and Issues.* Cambridge: Cambridge University Press, 42-59.
88. Newton, P.E. 2013. Two kinds of argument? *Journal of Educational Measurement,* 50(1): 105-109.
89. OECD. 2005. *Teachers Matter: Attracting, Developing and Retaining Effective Teachers.* Paris: OECD Publishing.
90. OECD. 2009. *Creating Effective Teaching and Learning Environments: First Results from TALIS.* Paris: OECD Publishing.
91. Parr, J.M. & Timperley, H.S. 2010. Feedback to writing,

assessment for teaching and learning and student progress. *Assessing Writing,* 15(2): 68-85.

92. Pasternak, M. & Bailey, K.M. 2004. Preparing nonnative and native English-speaking teachers: Issues of professionalism and proficiency. In Kamhi-Stein, L.D. (ed.). *Learning and Teaching from Experience: Perspectives on Nonnative English-speaking Professionals.* Ann Arbor: The University of Michigan Press, 155-175.

93. Popham, W.J. 2009. Assessment literacy for teachers: Faddish or fundamental? *Theory into Practice,* 48: 4-11.

94. Probst, R.E. 1989. Transactional theory and response to student writing. In Anson, C. (ed.). *Writing and Response.* Urbana, IL: NCTE, 68-79.

95. Raymond, M.R. & Neustel, S. 2006. Determining the content of credentialing examinations. In In Downing, S.M. & Haladyna, T.M. (eds.). *Handbook of Test Development.* Mahwah, NJ: Lawrence Erlbaum, 181-223.

96. Readman, K. & Allen, B. 2013. *Practical Planning and Assessment.* South Melbourne: Oxford University Press.

97. Rinvolucri, M. 1994. Key concepts in ELT: Feedback. *ELT Journal,* 48 (3): 287-288.

98. Sato, M. & Lyster, R. 2012. Peer interaction and corrective feedback for accuracy and fluency development. *Studies in Second Language Acquisition,* 34(4): 591-626.

99. Saville-Troike, M. 2006. *Introducing Second Language Acquisition.* Cambridge: Cambridge University Press.

100. Scarino, A. 2013. Language assessment literacy as self-awareness: Understanding the role of interpretation in assessment

and in teacher learning. *Language Testing,* 30(3): 309-327.
101. Schmeiser, C.B. & Welch, C.J. 2006. Test development. In Brennan, R.L. (ed.). *Educational Measurement* (fourth edition). Washington, DC: American Council on Education, 307-353.
102. Schmidt, R. 1990. The role of consciousness in second language learning. *Applied Linguistics,* 11(2): 129-158.
103. Schmidt, R. 2001. Attention. In Robinson, P. (ed.). *Cognition and Second Language Instruction.* Cambridge: Cambridge University Press, 3-32.
104. Sheen, Y. & Ellis, R. 2011. Corrective feedback in language teaching. In Hinkel, E. (ed). *Handbook of Research in Second Language Teaching and Learning* (Volume II). New York/London: Routledge, 593-610.
105. Sireci, S.G. 2013. Agreeing on validity arguments. *Journal of Educational Measurement,* 50(1): 99-104.
106. Sommers, N. 1982. Responding to student writing. *College Composition and Communication,* 33(2): 148-156.
107. Spratt, M. 2015. TKT: Testing knowledge about teaching. In Wilson, R. & Poulter, M. (eds). *Assessing Language Teachers' Professional Skills and Knowledge.* Cambridge: Cambridge University Press.
108. Stiggins, R. 1991. Assessment literacy. *The Phi Delta Kappan,* 72(7): 534-539.
109. Stiggins, R. 2002. Assessment crisis: The absence of assessment for learning. *The Phi Delta Kappan,* 83(10): 758-765.
110. Stiggins, R. 2014. Improve assessment literacy outside of schools too. *The Phi Delta Kappan,* 96(2): 67-72.
111. Stiggins, R. & DuFour, R. 2009. Maximizing the power of

formative assessments. *The Phi Delta Kappan,* 90(9): 640-644.
112. Storch, N. 2010. Critical feedback on written corrective feedback research. *International Journal of English Studies,* 10(2): 29-46.
113. Swain, M. 1985. Communicative competence: Some roles of comprehensible input and comprehensible output in its development. In Gass, S.M. & Madden, C.G. (eds.). *Input in Second Language Acquisition.* Rowley, MA: Newbury House Publishers, Inc., 235-253.
114. Swain, M. 2000. The output hypothesis and beyond: Mediating acquisition through collaborative dialogue. In Lantolf, J.P. (ed.). *Sociocultural Theory and Second Language Learning.* Oxford: Oxford University Press, 97-114.
115. Swain, M. & Lapkin, S. 1989. Canadian immersion and adult second language teaching: What's the connection? *The Modern Language Journal,* 73(2): 150-159.
116. Tardy, C. 2006. Appropriation, ownership, and agency: Negotiating teacher feedback in academic settings. In Hyland, K. & Hyland, F. (eds.). *Feedback in Second Language Writing: Contexts and Issues.* Cambridge: Cambridge University Press, 60-78.
117. Toulmin, S.E. 2003. *The Uses of Argument* (updated edition). Cambridge: Cambridge University Press.
118. Truscott, J. 1996. The case against grammar correction in L2 writing classes. *Language Learning,* 46(2): 327-369.
119. Truscott, J. 1999. The case for "The case against grammar correction in L2 writing classes": A response to Ferris. *Journal of Second Language Writing,* 8(2): 111-122.

120. Ur, P. 1996/2000. *A Course in Language Teaching: Practice and Theory*. Beijing: Foreign Language Teaching and Research Press.
121. van Beuningen, C.G., De Jong, N.H. & Kuiken, F. 2008. The effect of direct and indirect corrective feedback on L2 learners' written accuracy. *ITL-International Journal of Applied Linguistics,* 156: 279-296.
122. van Beuningen, C.G., De Jong, N.H. & Kuiken, F. 2012. Evidence on the effectiveness of comprehensive error correction in second language writing. *Language Learning,* 62(1): 1-41.
123. VanPatten, B. & Benati, A.G. 2010. *Key Terms in Second Language Acquisition*. London/New York: Continuum International Publishing Group.
124. Villamil, O.S. & de Guerrero, M.C.M. 2006. Sociocultural theory: A framework for understanding the social-cognitive dimensions of peer feedback. In Hyland, K. & Hyland, F. (eds.). *Feedback in Second Language Writing: Contexts and Issues*. Cambridge: Cambridge University Press, 23-41.
125. Vogt, K. & Tsagari, D. 2014. Assessment literacy of foreign language teachers: Findings of a European study. *Language Assessment Quarterly,* 11(4): 374-402.
126. Vygotsky, L. 1978/1997. Interaction between learning and development. In Gauvain, M. & Cole, M. (eds.). *Readings on the Development of Children* (second edition). New York: W.H. Freeman and Company, 29-36.
127. Vyatkina, N. 2011. Writing instruction and policies for written corrective feedback in the basic language sequence. *L2 Journal,* 3(1): 63-92.

128. Wang, W. 2014. Students' perceptions of rubric-referenced peer feedback on EFL writing: A longitudinal inquiry. *Assessing Writing,* 19: 80-96.

129. Wang, J. & Wu, J. 2012. Error feedback on students' writings by Chinese tertiary teachers of English. *Chinese Journal of Applied Linguistics,* 35(3): 287-300.

130. Weir, C.J. 2005. *Language Testing and Validation: An Evidence-based Approach.* New York: Palgrave Macmillan.

131. Weir, C. & Saville, N. 2015. Series editors' note. In Wilson, R. & Poulter, M. (eds). *Assessing Language Teachers' Professional Skills and Knowledge.* Cambridge: Cambridge University Press, viii-xii.

132. White, E. 2009. Are you assessment literate? Some fundamental questions regarding effective classroom-based assessment. *OnCUE Journal,* 3(1): 3-25.

133. Yalow, E.S. & Popham, W.J. 1983. Content validity at the crossroads. *Educational Researcher,* 12(8):10-21.

134. Yilmaz, Y. 2012. Relative effects of explicit and implicit feedback: The role of working memory capacity and language analytic ability. *Applied Linguistics,* 34 (3): 344-368.

135. Young, J.W., Freeman, D., Hauck, M.C., Garcia Gomez, P. & Papageorgiou, S. 2014. *A Design Framework for the ELTeach Program Assessments* (ETS Research Report No. RR-14-36). Princeton, NJ: Educational Testing Service.

136. 陈国华. 2010. 重新认识英语和英语教育的地位. 外语教学与研究，42（4）：291-293.

137. 陈晓湘、李会娜. 2009. 教师书面修正性反馈对学生英语写作的影响. 外语教学与研究，41（5）：351-358.

138. 陈亚平. 2016. 教师提问与学习者批判性思维能力的培养. 外语与外语教学,（2）：87-96.

139. 程晓堂、孙晓慧. 2010. 中国英语教师教育与专业发展面临的问题与挑战. 外语教学理论与实践,（3）：1-6.

140. 邓杰. 2012. 论测试辩论的理性逻辑与累进方法. 外国语, 35（4）：70-79.

141. 邓敏. 2009. 高中英语写作中存在的问题及教学策略刍议. 新课程研究,（10）：83-85.

142. 段学勤、孟志明. 2012. 滇西地区农村中小学英语教师专业素质现状与发展前景. 大理学院学报, 11（11）：75-79.

143. 傅山云. 2015. 高三英语作文错误分析研究. 基础英语教育, 17（3）：29-34.

144. 盖淑华、周小春. 2013. 基于动态系统理论的同伴反馈实证研究——社会文化观视角. 外语与外语教学,（2）：36-40.

145. 龚亚夫. 2011. 创建我国中小学英语教师知识与能力体系——中小学英语教师专业等级标准的制订. 中国教育学刊,（7）：60-65.

146. 顾江禾. 2005. 提高外语教师的整体素质势在必行. 中国高教研究,（5）：67-68.

147. 桂诗春、杨惠中. 2003. 中国学习者英语语料库. 上海：上海外语教育出版社.

148. 郭晓华、欧阳菁. 2010. 基于错误分析理论的大学英语写作教学新探. 外国语文, 26（2）：137-140.

149. 韩宝成、曲鑫. 2017. 中国英语教师专业能力评价探讨. 外语学刊,（5）：69-74.

150. 韩宝成、张允. 2015. 高考英语测试目标和内容设置框架探讨. 外语教学与研究, 47（3）：426-436.

151. 黄静、张文霞. 2014. 多元反馈对大学生英语作文修改的影响研究. 中国外语，11（1）：51-56.

152. 金晓宏. 2016. 非英语专业大学生对不同形式英语写作评改反馈的接受程度研究. 外语研究，(5)：58-62.

153. 赖蓉莎. 2014. 初中英语教师的跨文化意识现状调查. 基础英语教育，16（2）：22-26.

154. 李竞. 2013. 英语写作教学中教师书面反馈效果的案例研究. 外语界，(2)：87-96.

155. 李奕华. 2015. 基于动态评估理论的英语写作反馈方式比较研究. 外语界，(3)：59-67.

156. 李勇、邓红霞. 2012. 教师书面修正性反馈对英语写作复杂度的影响. 外语研究，(2)：55-62.

157. 李余. 2014. 高中英语学困生写作错误个案分析. 海外英语，(22)：15-16.

158. 罗红芳. 2009. 铜仁地区农村英语教师专业素质调查与研究. 铜仁学院学报，11（2）：125-128.

159. 罗祖兵、魏娴. 2016. 全面实施教师资格定期注册制度的困境与对策. 教育导刊，(8)：25-29.

160. 戚焱. 2004. 反馈在英语写作教学中的作用——英语专业议论文写作研究. 国外外语教学，(1)：47-53.

161. 孙艳玲. 2010. 中小学英语教师提高专业素质的途径. 基础英语教育，12（3）：77-82.

162. 孙艳玲. 2013. 农村中小学英语师资现状的困境与对策研究. 读与写，10（4）：74-77.

163. 王颖、刘振前. 2012. 教师反馈对英语写作准确性、流利性、复杂性和总体质量作用的研究. 外语教学，33（6）：49-53.

164. 熊建辉. 2014. 教师专业标准的国际经验. 北京：北京师范大学出版社.

165. 杨丽娟、杨曼君和张阳. 2013. 我国英语写作教学三种反馈方式的对比研究. 外语教学，34（3）：63-67.

166. 杨鲁新. 2013. 教师书面反馈对大学生英语写作学习影响的个案研究. 山东外语教学，（5）：12-18.

167. 杨苗. 2006. 中国英语写作课教师反馈和同侪反馈对比研究. 现代外语，29（3）：293-301.

168. 杨颖莉、于莹. 2016. 反馈类型与任务投入量对词汇发展的作用. 现代外语，39（3）：408-417.

169. 杨永林、丁韬. 2016. 互联网+时代，英语写作怎么教？外语研究，33（1）：60-63.

170. 姚连荣. 2013. 河南省农村中小学英语教师现状调查. 基础英语教育，15（3）：25-29.

171. 袁丹. 2016. 修正性反馈对高中生英语写作准确性影响的研究. 英语教师，16（20）：9-15.

172. 袁志芬、谢薇. 2015. 高中英语写作教师书面反馈研究. 教学与管理，（10）：58-61.

173. 张东辉、邹卉. 2011. 中小学英语教师素质影响因素研究——基于吉林省调查数据的分析. 中国人民大学教育学刊，（2）：117-126.

174. 张裕雪、周碧雯、赵嫣茹. 2016. 发达地区中小学教师英语能力现状与提升对策研究——以江苏省镇江市的调查分析为例. 英语教师，16（10）：12-15.

175. 周燕、张洁. 2013. 外语教师的课堂角色——重要他者. 中国外语，10（6）：96-102.

176. 周一书. 2013. 大学英语写作反馈方式的对比研究. 外语界，（3）：87-96.

177. 邹为诚. 2009. 中国基础教育阶段外语教师的职前教育研究. 外语教学理论与实践，（1）：1-16+19.

178. 左瑞勇、王纬虹. 2008. 高师课程改革必须以中小学教师专业发展为目标——基于对175名中小学校长、管理人员和教师的调查与思考. 课程·教材·教法，28（7）：73-78.

后　记

　　本著作基于作者的博士论文，出版时略做修改。

　　回想北外求学路，往事历历在目。导师韩宝成教授的授业之恩岂是一句感谢能够报答，唯有感恩常在，方能心安理得！

　　刘润清教授在课上的谆谆教导，陈国华教授帮我修订课程论文时的不厌其烦，亦始终铭记在心！

　　试题开发论证会上各位专家的群策群力，参与内容效度判断的3名专家以及我的硕士生导师高佑梅教授远程提供的帮助和智力支持，预答辩和答辩专家刘润清教授、武尊民教授、张文霞教授、罗少茜教授、梁茂成教授、范琳教授以及杨鲁新教授提出的宝贵意见和建议，又何尝不让我心怀感激！

　　常海潮、王淑花、许宏晨、罗凯洲、冯蕾、曲鑫、吕生禄、孙桐、黄永亮、姜秀娟等同门学友的鼎力相助，周石平、胡愈、刘晓峰、冯小兵、毛眺源等好友的相助与陪伴，天津商业大学外国语学院给我提供的优越的办公环境，院长王占斌教授的大力支持，同事孟庆升教授的知遇之恩，李丽军老师的帮助，同样让我久久不能忘怀！

　　妻子高存参与无数次讨论时的苦苦思索，父母、岳父母的无私奉献，无暇照顾的两个女儿渴望父爱的眼神，给了我温暖，也鞭策我勇往直前。

如今博士学业已经结束,但是教师专业能力评估研究还将继续,还有更多的话题值得去探讨。

张允

2020 年冬